1日3分で変えられる!

成功する声を手に入れる本

〝声診断〟ヴォイトレで、仕事も人生もうまくいく!

日本声診断協会 代表理事
中島由美子

青春出版社

はじめに

〝声診断〟ヴォイトレで、誰でも「成功する声《フルサウンドヴォイス》」に変わる

声は、「話す」「歌う」「伝える」といったコミュニケーションに欠かせないものだと一般的には考えられています。どんな言葉を、どんなふうに話すか。世の中にはそういった〝上手な伝え方〟を教えてくれる情報があふれています。

でも、どんなに伝え方、話し方を学んだとしても、知識やテクニックだけでは限界があります。一方で、伝え方やプレゼン能力がつたなくても、なぜか心が震えてしまう、惹《ひ》きつけられてしまうことがあります。なぜでしょうか。

それは、聞く人が本当に感動し、心に響くのは「声」そのものだからです。それも「いい声」「よく通る声」「好印象を与える声」といったものではなく、もっと深いところにあるエネルギーが心を動かすのだと気がついたのです。

本当のいい声って何だろう。声のなかにある何が人の心を動かすのだろう――。

人の声には、その人の内面が表れています。このことに気がついたときから、私の声の探求の旅が始まりました。

その結果、**声に含まれる音階を分析し、波形グラフとして可視化する声診断ソフトの開発に成功しました。**声を可視化することで、目に見えない、つかみどころがないと思われていた「心」をも視覚化することができるのです。

声診断ソフトでは、声の波形のグラフが12色で表されます。グラフの何色が強く表れているかによって、その人の思考や性格、心の癖、持って生まれた才能までわかります。

私はこれまで18年間にわたって約2万5000人の方の声の波形をとり、研究してきました。そのなかで、世の中で成功している方の波形も調べたところ、**成功者にはある共通点があることに気がつきました。それが、「フルサウンドヴォイス」といわれるもの。**

詳しくは本書で説明しますが、フルサウンドヴォイスは、声の波形グラフが12色きれいに出そろったものをいいます。

特別な人の声だけに表れる波形だと思われがちですが、本書を読んで実践すれば、誰でもフルサウンドヴォイスを出すことができます。

まずは、誰もが知るカリスマ経営者の声の波形を紹介します。

声診断とは

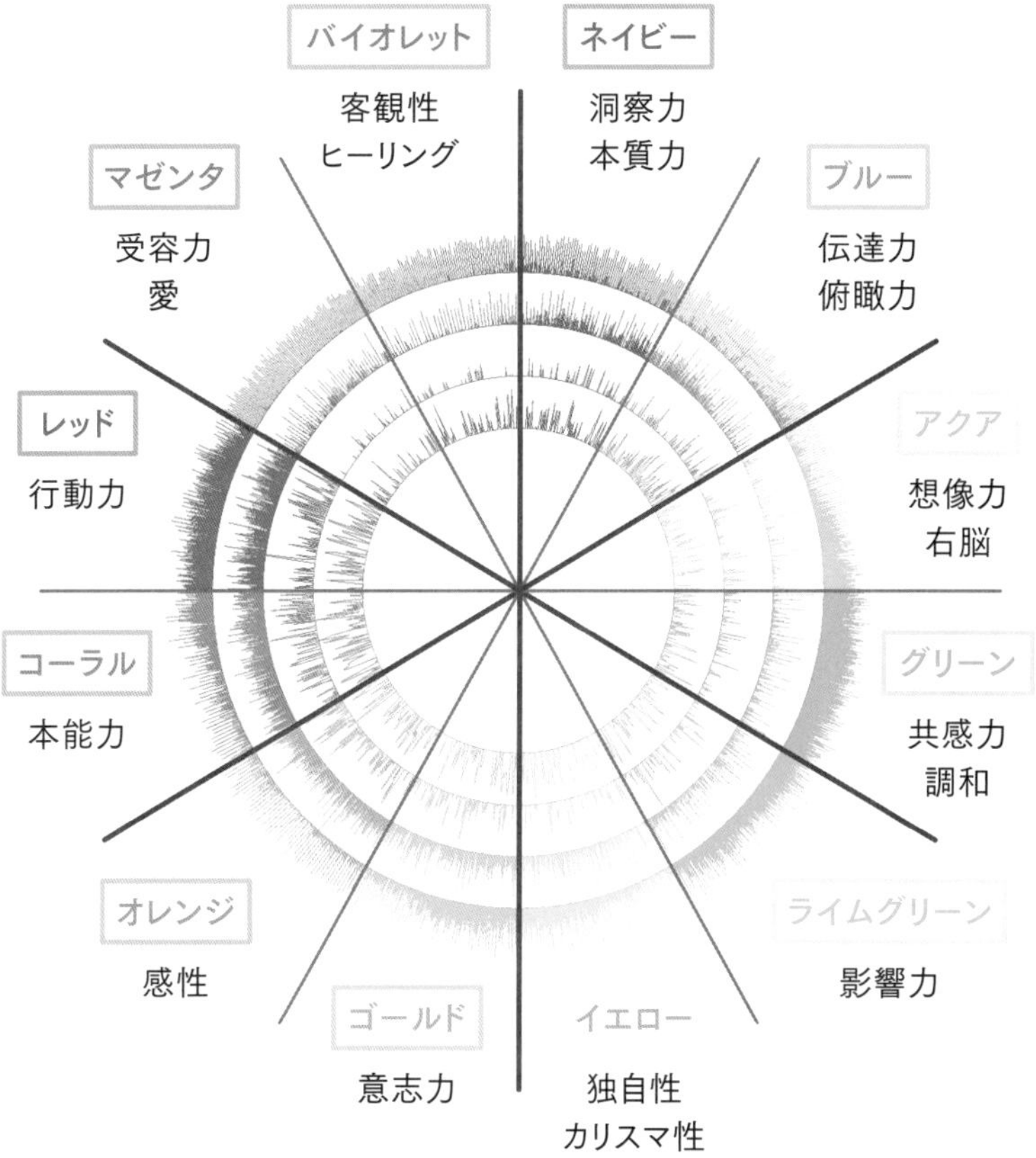

※声に含まれる音階を12色の色と波形で可視化したもの

成功者の「声の波形」の共通点

カリスマ経営者や優秀なリーダーと呼ばれるような方の
声の波形には、共通点があります。
それは、フルサウンドヴォイスであること。
12色のなかでもイエローとゴールドが強く表れることです。
イエローとゴールドは、カリスマ性や意志力の強さを表しています。
それはある意味、聞く人を魅了する存在感であり、
周りに流されない独自性をもっているといえます。

スティーブ・ジョブズ氏の声

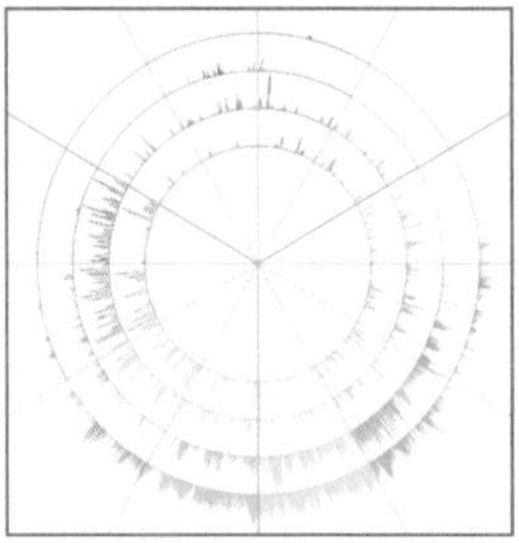

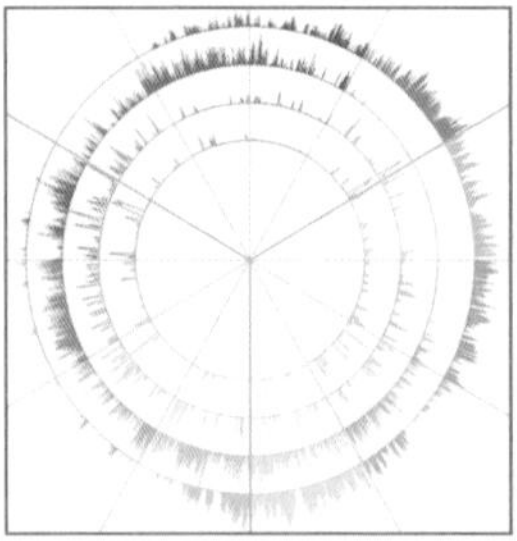

上の波形は、今も語りつがれる、2005年のスタンフォード大学での卒業式でのスピーチの波形です。「ハングリーであれ、愚か者であれ(Stay hungry, Stay foolish)」と、自らの生い立ちを語りながら、愛と死、自分の直感に従うことなど人生観を語り、大きな感動を生んだスピーチとして有名です。声の波形を見ると、ゴールドとイエローに特化しています。

下の波形は、2007年、ビル・ゲイツ氏とともに受けたインタビューでの波形です。12色がきれいに出ていますが、なかでもカリスマ性を表すイエローや、ゴールドが強く出ていることがわかります。アップルはこの後、米国初の「1兆ドル企業」に成長(2018年)しました。

稲盛和夫氏の声

京セラの故稲盛和夫氏による、社員に向けたスピーチの波形です。見事に12色がバランスよく出ています。人は仕事を通して自分の内面と向き合い、気づきによって内面が進化し、成長していきます。数々の華々しい業績を成し遂げただけでなく、人間力も高かった稲盛氏。波形にもその内面の素晴らしさがよく表れています。

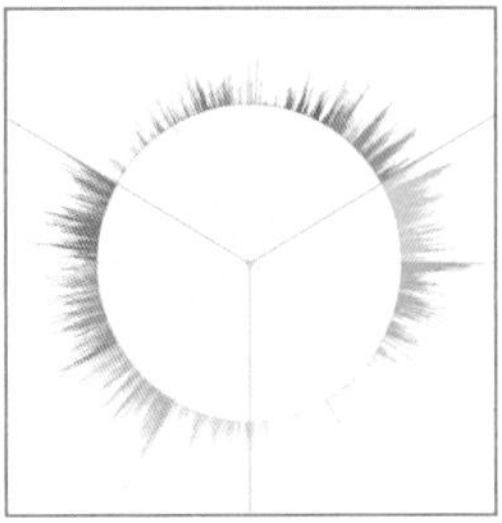

大谷翔平選手の声

2021年のホームランダービー前のインタビューでの波形です。全体的にバランスよく、すべての色が出ています。

二刀流としての真価を発揮し、米メジャー史上初の快挙を連発する大谷翔平選手ですが、野球の才能や技術、努力だけでなく、内面の人間力の高さ、本質的な愛とつながった生き方・あり方が表れています。

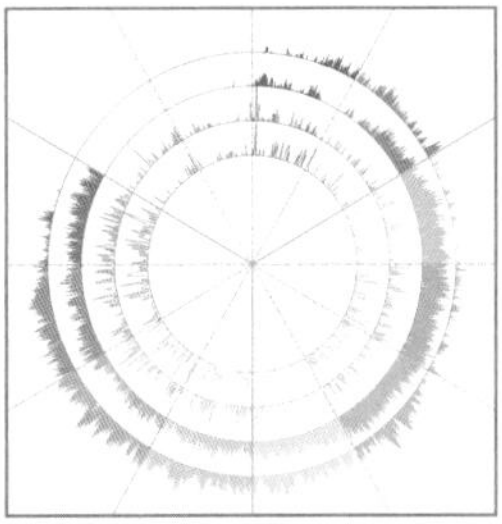

孫正義氏の声

SBワールド2019基調講演での波形です。経営者・起業家に必要なゴールドとイエローが強く出ています。内側の円に出る波形は根底にあるものを表し、マゼンタやネイビーが強く出ています。マゼンタは「社会貢献」、ネイビーは「先見の明」を表します。投資家としての孫氏の資質が表れています。

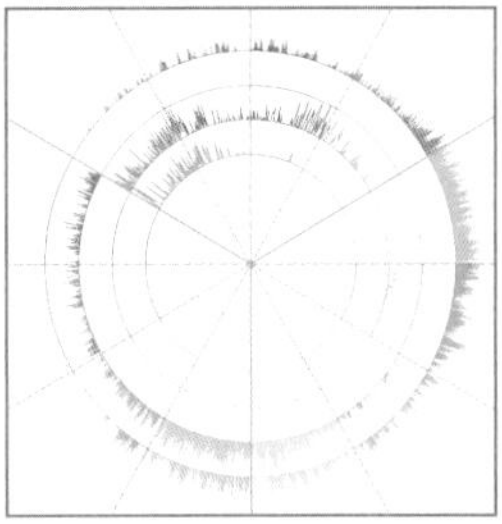

実践者のサクセスストーリー

声診断ビフォーアフター

「声で売り上げが1117倍になった！」（GAFA企業勤務）

もともと大手の外資系企業に勤めていたAさん。数字ありきの外資系で生き残るために、若い頃からありとあらゆる成功哲学や自己啓発を学んできたそうです。

若い頃はそれで結果を出してきたものの、50代になると数字は打ち止めになり、進退について考えるようになったのです。人生のこの先について迷っていたときに声診断に出会い、個人セッションにいらっしゃいました。

Aさんの声の波形を見ると、ネイビーが強く出ていました。その波形はビジネスパーソンにとって〝戦う波形〟。頭脳戦で戦略的に営業をする、お客様と飲みに行き仲良くなって仕事を取る、完璧なプレゼン資料で勝負する――Aさんのそれまでの戦い方を見事に表していました。

逆に、Aさんに特に足りないのはマゼンタとグリーンとライムグリーンでした。

つまり、足りないのは自分を受容するこ

とや、自己肯定感、ライバルと戦わないで和合することだったのです。

「ビジネスパーソンに和合なんて必要があるのか？」

それがAさんの当初の反応でした。

疑問を抱きつつも、何事にも真摯に取り組む姿勢のAさんは熱心に取り組むべき内面の課題と〝トーニング発声法〟と呼ばれる声の出し方を実践し、声が少しずつ変わってきました。

そんなある日、GAFA企業からヘッドハンティングの話が来ました。ヘッドハンティングと言っても、100人に1人しか採用されない狭き門です。

そんなときも声診断をして、今の自分に必要な色の課題に取り組みました。課題は多くのビジネスパーソンに共通して少なく、Aさんにも少なかったグリーン（共感）やマゼンタ（愛、受容）といった課題でした。

私は「新しい境地に行くのだから、これまでの自分の仕事のやり方も人生も丸ごと受け入れて終わらせ、ゼロにリセットしましょう」と伝えました。

声を整える習慣に真面目に取り組んでくれたAさんはなんと、難関を突破。見事にGAFA企業への転職に成功したのです。

それからも本書で紹介するトレーニング法を毎日実践してくれたAさんは1年かけてフルサウンドヴォイスになりました。

そしていまや、会社での営業成績は全世界のトップクラス、売り上げは1117倍に！

Before ⟶ After

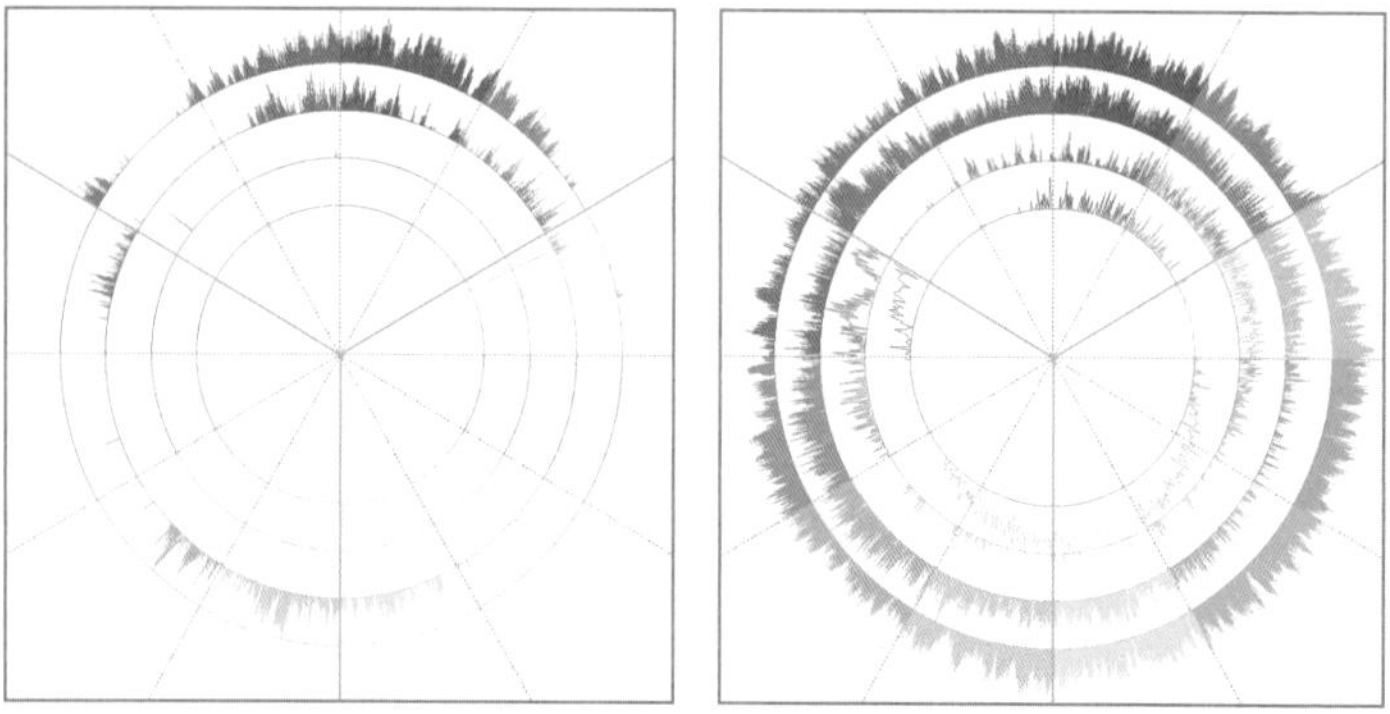

声のおかげで営業の方法も変わりました。

前職ではパワポを駆使して完璧なプレゼンをしても伸びなかった売り上げが、オンラインの営業であるにもかかわらず、お客様の話をよく聞き、少し話すだけでお客様のほうから契約の申し出をされるようになったのです。

フルサウンドヴォイスのおかげで、Aさんは営業をしなくても、もっといえばほとんど声を発しなくても、売り上げが伸びてしまう、世界トップクラスの営業ができるビジネスパーソンへと変身を遂げました。

声で営業成績が伸びたAさんのその後

普通であれば、売り上げが上がって素晴らしいというところで終わり、たまたま運がよかったという話にもなりかねません。でもAさんは、声の波形でじっくりと自分自身に向き合い、根本から自分自身のあり方や脳の使い方をチェックしていくことで、まぐれではなく、再現性、連続性を持って結果を出し続けることができることを証明し続けてくれています。

売り上げが上がったあとによくあるのは、会社のほうでさらに大きな数字のノルマを課してくること。そうなると来期も結果を出せるかどうかという不安が襲ってくることもあります。

すると次のステージとして、「どうやったら結果をずっと出し続けることができるのか？」というお題に取り組むことになります。

このときはAさんも、だいぶ12色の波形がそろってきていたので、少ない色の課題を伝えるだけで、自分自身で答えを見つけられるようになっていました。

「数字の結果を出し続けるにはどうしたらいいか？」

これに対するAさんの答えは、「数字を手放すこと」でした。

Aさんはこれまで、あるときは数字が指標となり、モチベーションとなりましたが、この数字が自分自身を苦しめていることに気がついていました。でもビジネスパーソンの宿命として、数字によって支配される世界から抜け出せずにいました。さらにはコロナ後、多くの企業が事業縮小に向かい、数字が足りない仲間が次々とリストラされていくのも目《ま》の当たりしました。

そのころのAさんの**声の波形をとると、最も必要な色がグリーン**だということが何度も何度も表れたのです。

グリーンというのは共感、傾聴という意味がありますが、それはすなわち〝頭（思考）を外す〟ということ。どうしたら数字が上がるかと頭で戦略を練ったり、情報網を張り巡らせたりするのではなく、リラックスして目の前のことに感謝しながら、今に集中することです。

目の前の数字は追いかけず、目の前の一つひとつを観察して、そこにある感謝に気づいていくことにしました。

巻頭でご紹介したスティーブ・ジョブズの有名なスピーチに「コネクティング　ザ　ドッツ（Connecting the dots）」というのがありますが、これは2005年、スタンフォード大学の卒業式の演説で語られたものです。点と点がつながると、それが線になり、やがて面になると。人生というのは小さな経験という点があとになって線でつながれると、さまざまな可能性がクリエイトされていくというものです。

まさにAさんは目の前のこと一つひとつに全集中。自身の声のバランスを整えることを意識することで、今では勝手に数字が上がるという現象が起きるようになりました。

今を丁寧に生きることで、自然と点と点がつながりだし、線になっていきました。

ある企業を営業していてなかなか数字がつながらなかったものが、〝今ここ〟に集中することで、その企業の別の支部から発注が入ったり、ひょんなことから昔の会社時代の友人から顧客を紹介されたりと、以前のように頑張ってアポイントをとって資料を作り込んでプレゼンしてといったことは一切せずに、数字が舞い込み続けるようになったのです。

声が整えば、意図せずに勝手に物事が動くということです。

そしてAさんは「数字という海の波は揺れていても、大船に乗ったつもりでいれば、数字はあとからついてくる」ということを確信しました。

「声を整えて目の前のことに集中する」というセンターピン（ボーリングの一番先頭にあるピンのこと）さえつかめば必ず結果はもたらされる。自力で頑張るのではなく、もう一人の自分が発動しやすい環境さえつくれれば、ビジネスのセットアップは自動的に起こるということを今もなお、再現中です。常に声をチェックして反復練習を楽しんでいるそうです。

目次

Part 1

2万5千人の声を分析してわかった「なぜか仕事がうまくいく人」の声の秘密

Part 2

自分の声の変化がハッキリわかる！ 3分間ヴォイストレーニング

本文イラスト・デザイン●岡崎理恵
編集協力●樋口由夏
企画協力●合同会社DreamMaker

プロローグ

仕事の成否は「話し方」より「声」で決まる！
——今、ビジネスやヴォイトレ界で大注目の「音声心理学」とは

○同じことを話しているのに、「結果」が変わるのはなぜ？

聞く人に深く伝わる話し方がしたい。人を惹きつける話し方がしたい。

もっといえば、人間関係がよくなる話し方がしたい、売り上げアップにつながる話し方をするにはどうしたら……。

そんなふうに思っている人は多いのではないでしょうか。

話し方のテクニックや話している内容より大切なのは、その人自身が持っている「声」の魅力です。

いい声を出せるようにトレーニングすればいいのか。そう結論を出してしまう前に、ちょっと思い出してみてください。

今までに、**同じ話をしているのに、なぜか耳に入ってこずスルーしてしまう人と、つい聞き入ってしまう人っていませんでしたか。**

一般的にいわれるような「いい声」ではないのに、なぜか心に響き、感動してしまう声。あるいは、同じ歌を歌っているのに、この人が歌うと心地よく、何度も聞きたくなる、知らず知らずに涙が出てしまう。一方で、いくら歌がうまくても、ある人が歌うと心に響いてこない、ということもよくあります。

また、「感謝します、ありがとうございます」とお礼を言われたときのことを想像してみてください。本当に心から感謝されているときと、こう言ってはなんですが「本当はそれほど感謝してないよね？」とわかってしまうとき、ありますよね。

実は、私たちはみんな知っているのです。言葉や伝え方のテクニックだけでは心が震えないということを。

その答えは、「声」にありました。つまり、いくら取りつくろっても、その人が放つ声のエネルギー、周波数が受け取る側に伝わってしまうのです。

米国の黒人差別撤廃のために闘ったキング牧師の声を聞くと、なぜか鳥肌が立ちます。英語なので何を話しているかさっぱりわからなくても、心が反応してしまうのです。これって、やはり話す内容ではないということですよね。

話し方や伝え方ももちろん大切ですが、もっと重要なのは、**「何を、どう話すか」よりも「誰が話すか」**なのです。それも、影響力が強い人とか、有名な人だからというキャラクターによるものではなく、「どんな声」で話すかということ。

声ひとつで人間関係が改善され、自分に自信がもてるようになり、仕事の成否まで決まってしまうとしたら、コミュニケーションに使わない手はないと思いませんか。

◎元気な声、通る声…そんな声では相手を疲れさせる

元気な声で営業して仕事がとれる時代はもう終わりました。

通る声でプレゼンされても長く聞いていられないし、説得されることもありません。

日本人は小さいときから大人になるまでずっと、「ちゃんとすること」をよしとされてきました。学校では姿勢良く、大きなはっきりとした声で話すとほめられます。

部活では元気に声を張り上げ、社会に出てからも明るく挨拶すると評価はアップ。

たしかにそれは素晴らしいことですし、好印象を与えるにはいいでしょう。でも、そんなときの声は、実はとても緊張しています。とてもじゃないけれど、「自分本来の声」ではありませんよね。

私たちは、人と関わるとき、少なからず緊張しています。それはどんなに社会経験を重ねている人でも、どんなベテランであっても同じです。

しゃべりのプロであるアナウンサーだって、実は緊張をしているんですよ。「間違えてはいけない」「ちゃんとしなければいけない」と思うため、声が硬くなるのです。

声はメンタルであり、心の状態が素直に表れるものなのです。

だから、**緊張すると、声が硬くなる**。では、どこが硬くなるのでしょうか。

それが**「軟口蓋《なんこうがい》（ソフトパレット）」**です。軟口蓋とは、喉の奥のほうにある、舌の届かないやわらかい部分。声の音色をつくる、鍵となる部分です（139ページ参照）。

軟口蓋は筋肉です。緊張すると筋肉は硬直しますが、当然、軟口蓋も硬直して声が出にくくなり、硬い声になるというわけです。

硬直した声の波形をとると、とても偏っています。**波形が偏り硬直した声を聞くと、**

聞くほうも緊張してしまい、疲れてしまいます。

軟口蓋がやわらかくリラックスしていると、人の心の奥深くまで届き、やさしく包まれるような声になります。

聞き比べるとわかりますが、軟口蓋を丸くした声で「○○さん、これ、やっといてくれますか」と言うのと、きつい声で「○○さん、これやっといてくれますか」と言うのでは、全然印象が違います。

従来のヴォイストレーニングでは、いい声で話したり歌ったりするために、「もっと声を張り上げて」「もっと地声から上のほうまで引き上げて」などといわれます。大きな声を張り上げて話すことは元気があっていいもの、高い声を力ずくで出して歌うことがかっこいいとされてきたからでしょう。

でも、それでは緊張した硬い声を相手にぶつけているだけ。このように前に押し出した声は、専門用語で「フォワード・プロダクション」といって、聞く者に威圧感や恐怖を与えてしまいます。

営業マンの元気のいいプレゼンや売り込みでは買いたくなりませんし、セミナー講

師の「はい、みなさん、こんにちはー！」みたいなカラ元気は、緊張させるだけなのです。

軟口蓋も背骨も体も全部緊張させて、人をあおって飢餓感を与え、人を動かす。そんな時代はもう終わったのです。

今、求められている声は、大きな声よりもナチュラルな声。そんな声こそが、人を魅了するのです。

○〝声診断〟ヴォイトレの成功事例

声診断によるヴォイストレーニングが評判を呼ぶようになったきっかけをご紹介しましょう。

あるクレーム対応を請け負うコールセンターの会社から、企業研修の依頼がありました。

依頼内容は、「お客さまからクレームがつくオペーレーターが多くて困っている。原因が知りたい」というもの。話を聞けば、オペレーター自身は、マニュアル通りに丁寧に対応している。それでもクレームが多いと言うのです。

オペレーターの電話対応の録音を送ってもらい、**クレームの多いオペレーターの声の波形を調べると、ある共通点がありました。**

それが、グリーンが欠けていること。**グリーンは「傾聴」**を意味します。

録音を聞くと、「ああ、そうですか。申し訳ございません」「そうだったんですね」などと、受け答えはマニュアル通りに〝傾聴〟しています。でも、グリーンの波形が出ていないということは、「相手の話を聞いていない」ことを意味します。

それをオペレーターに指摘すると「ちゃんと聞いています」と言います。

〝聞いているのに聞いていない〟波形が出る原因は、ただ一つ。電話対応をしながら、「お客さまに次になんと返答しようか」「どうやってこの問題を解決しようか」などと、頭が別のことを考えているのです。

「もしかして、考えながら聞いていませんか？」と言うと、「それはそうですけど」と（笑）。それが「聞いていない」ということなのだと説明し、理解してもらいました。自覚することで人は変わります。そこからオペレーターさんが傾聴のトレーニングをするようになり、クレームが減っていきました。

ほどなくして、別のコールセンターの社長から依頼がありました。そのコールセンターは営業専門でした。つまり、声が売り上げに直結する仕事です。

社長が持ってきたのは、山のようなテキスト。これまでありとあらゆる傾聴研修、話し方研修をやってきたと言います。それでも売り上げが一向に伸びない。当初、企業研修の依頼だと思っていた私は、「研修内容がかぶるかもしれませんが……」と言いました。すると社長は「あなたにやっていただきたいのは、研修ではなく、声診断です。声診断で問題があったら、それを解決してあげてくれませんか。そしてうちの社員一人ひとりを幸せにしてください」と言うのです。

これだけいろいろ研修をしても売り上げが伸びないため、なかばあきらめていた社長の、最後の手段が声診断だったのです。

そこで一人30分ほどかけて声の波形を見ていきました。すると、それぞれが抱えている問題点が浮き彫りになってきました。そして、ここにも共通点が！　どんな共通点があったと思いますか？

なんと、問題は会社や仕事にあったのではなく、一人残らずプライベートにありました。みんな私生活の悩みや問題を抱えながら仕事をしていたのです。もちろんプライベートの悩みはそれぞれ違いました。親子関係、姑との問題、夫との関係、お金の問題などなど、実にさまざま。

1カ月に1回アドバイスをしては改善してもらいながら、3カ月続けました。すると、ほぼ全員の悩みが改善していきました。離婚を回避した人、お子さんを産む決心をした人、夫への依存に気づいた人……。悩みが改善してよかったですね、なんて言っていたら、驚くことが起こりました。

なんと、私生活の問題が解決したことで、なぜか売り上げがアップしていったのです。声はエネルギーだとお伝えしました。悩みや問題を抱えていると、エネルギーはすり減ってしまいます。つまり、これまではエネルギーが私生活に使われ、仕事に回す余裕がなかったのです。

ガソリン切れの状態で、仕方なくマニュアル通りの営業をしていた。そんなスカスカの状態では、どんなにやさしく話したとしても、エネルギー不足。売り上げが上がるはずがなかったのです。

プライベートの悩みがなくなったことでエネルギーが温存され、心置きなく仕事のパフォーマンスに使えるようになった。それがストレートに表れるのが「声」だったのです。

3カ月後、社長から「社員の顔が変わりました。ありがとうございました」とお礼を言われ、私の業務は終了。ところが、これで終わりではありませんでした。

半年後、社長から再び連絡がありました。なんと、**売り上げが3倍になった**というではありませんか。

私がやったのは、声の波形を見て問題解決をしただけ。しゃべり方や営業術を教えたわけではありません。きっと、生きた声で話せるようになったのでしょう。

テレホンアポイントの仕事はきついこともあります。電話に出られた瞬間、相手に「営業お断り！」とガチャンと切られてしまうこともあります。

「アドバイスを受け、**声が変わってから、〝最後まで話を聞いてみようか〟と思われるような声になった**んだと思います」と社長はおっしゃっていました。

声診断の可能性を知ることになった、貴重な経験でした。

◎どんな人の心も動かす！　フルサウンドヴォイスを手に入れる

さまざまな奇跡を起こしてしまう声、それがフルサウンドヴォイスです。

前述したように、フルサウンドヴォイスは、声の波形のグラフが12色きれいに出そろったものです（5ページ口絵参照）。

とんでもないすごい声だと思われるかもしれませんが、特別な人だけが出せるもの、厳しいトレーニングが必要なものではありません。誰でも〝あなただけのフルサウンドヴォイス〟を出せるようになります。

コールセンターのオペレーターさんたちに声診断した当時は、まだ私自身がフルサウンドヴォイスの存在に気づいていない時期でしたが、おそらくフルサウンドヴォイスに近づいていたからこそ、成果が出たのではないかと今では確信しています。

意外に思われるかもしれませんが、**いい声、癒やされる声、心地いい声は、実はそれを聞く相手によって違います。**

2万5000人の声診断のデータを分析した結果、人が心地よいと感じる声は、自分に足りない周波数、または自分と同じ周波数に関係していることがわかってきました。ということは、どんなにいい声、心地いい声で話すトレーニングをしたとしても、聞く相手によって、受け取り方が変わってしまうことになります。

たとえば声診断でグリーンの共感性の周波数が少ない人は、グリーンの多い声を心地いいと感じ、オレンジ・ゴールドの意志力の周波数が多い人は、同じオレンジの声を心地いいと感じたりします。また、声の波形が似ているもの同士は、互いに好感を持つ傾向があります。

これは不思議な話でもなんでもなく、**同じ周波数が振動し、共鳴を起こしているから**です。楽器を演奏する人はわかると思いますが、ギターの弦を弾くと、ほかの弦が共鳴することがあります。そばに置いてある別の楽器が共鳴することもあります。それは同じ周波数を持っているから。これと同じことが、声でも起こっているのです。「あの人の声は聞いていて心地いいから好き」「あの人の声はあまり好きではない」など、個人の好みが分かれるのは、こういう理由からです。

ところが、声の研究を続けていくなかで、誰が聞いても心地よいと感じる声があることがわかりました。それが、フルサウンドヴォイスの波形だったのです。

フルサウンドヴォイスの声の特徴を挙げると、

- 聞き手が受け取りやすい声
- 聞き手がずっと聞いていたい声
- 聞き手の心に響く声
- 親しみやすく、癖がない声
- 聞いた後に癒やされる声

などがあります。

8ページで紹介した営業職の男性も、フルサウンドヴォイスになってから、「営業する必要がなくなった」と言っています。

営業のために一生懸命プレゼンをしなくても、相手の話を聞いて、少し話すだけ。

ほとんどしゃべらなくても、お客さまのほうから「いつ契約したらいいですか」と聞

かれるのだそうです。それは話さなくても以心伝心できるようになってしまうからです。

フルサウンドヴォイスで話すことによって、伝えようとしなくても自然に伝わり、たとえ言葉の表現が足りなくても、相手が勝手に受け取ってくれたり、声を通して相手が何かに気づき、相手の現実にあった課題まで解決してしまったりする現象が起きてきます。

これは不思議現象でも夢物語でもありません。非言語コミュニケーションが実際にできるようになってしまうのです。

聞く相手を選ばずとも、相手が共振共鳴する、化学反応を起こす声なのです。

◎自分の声の波形を見ながらヴォイトレすると起こること

フルサウンドヴォイスになるためには、どうすればいいのでしょうか。

声診断をするようになって、「自分の声が嫌い」だと言う人が多いことに改めて気づきました。今の自分の声は「いい声」ではない、できれば変えたいと思っているのです。

自分の声を好きになるためにはどうすればいいのでしょうか。そのたった一つのコツは、「自覚すること。本当の自分の声を知ること」。それだけなんです。

今までたくさんの人の声の波形を測ってきました。声診断を受ける方のなかには、それまでいろいろな講座を受けたり勉強したり、ヴォイトレをしたり、あらゆることをやってきた方がたくさんいらっしゃいます。そこまで努力してきた人でも、いざ波形をとると、どこかが偏っています。

外側から働きかけてもダメ、知識をいくら入れてもダメ。ということは、本人が本当の意味で自身の声を自分で、正確に客観的に自覚しない限り、声が変わることはないのではないか、と確信するに至ったのです。

「声を自覚するって、どうやって？」

声の鏡を見て、です。声の鏡。それが声診断ソフトによって自分の声の波形を見ること。声の鏡＝自分の声を客観的に見ることなのです。

みなさんは自分の声を録音して聞いたことがありますか？　録音した自分の声が、

いつも自分が聞いている声と違うと感じる人が多いのではないでしょうか。

普段聞いている自分の声は、骨の振動が伝わる骨導音《こつどうおん》と、空気の振動が鼓膜に伝わる気導音《きどうおん》が混ざっています。それに対して録音した声は気導音のみ。他人が聞いているあなたの声も、録音された声と同じです。

スピーチが上達するのも、歌がうまくなるのも、自分の声を録音したものを聞くことがいちばんの上達法であり、薬です。プロの歌手でも、歌っていくうちに歌がうまくなっていきますよね。それは、何度も自分の声を聞くうちに、無意識に微修正しているからです。

そうは言っても、多くの人は録音された自分の声を聞くのは嫌なもの。「自分の声が嫌い」と言う人は、自分に対する基準値が高い人。基準値が高い人は、自己肯定感が低い傾向が強いのです。

なぜ、はっきりそう言えるかというと、**2万5000人の波形を見てきて、「私、自分のことが嫌いで、自己肯定感が低いんです」という人の声の波形を見ると、例外なく自己肯定感の低さを示すライムグリーン、論理力・分析力を表すネイビーが高かったり低かったりとバランスを崩している**からです。

そのデータから、「なるほど、みんな自分のことが嫌いって言うけど、基準値が高いだけなんだ」とわかったのです。つまり、完璧を求めすぎていただけなんですね。だからこそ、目で見て自覚してもらうことが大切です。そうすると、「本当だ。私、基準値が高かっただけなんですね」と納得できます。

自分の声は、自分そのもの。だから自分の声が嫌いな人は、自己肯定感が低い傾向があるのだとも言えます。

自分を受け入れることができないから、いつも頑張って緊張して生きている。本当の自分の声に出会えば、もっと力を抜いて、本当の自分で生きていくことができます。

ほとんどの人が、〝本当の自分の声〟を知りません。

声はメンタルだと言いました。メンタルという抽象的なものを前にして、どうしたらいいのかわからなくなっている人もいます。どこを基準に、どう変えたらいいのかわからないのは、定点観測ができないからではないでしょうか。

今の自分の声という定位置がわかれば、そこからよくしていくことができます。その基準となるのが、声診断なのです。

声診断は、「心のレントゲン」です。声を変えれば、心が変わります。心が変われば、

声が変わります。

ほかの人と比べたり、人の成功例をマネたりするのではなく、自分の声を知って、自覚したうえで変えていくことが最も簡単で確実な方法です。

本当の自分の声を発することができれば、どんな癒やしよりもすばらしい、極上の癒やしの周波数を発することができます。自分で声を発しながら、自分自身が常に癒やされる状態でもあります。それがフルサウンドヴォイスです。

◎1日3分ください。こんなうれしい効果があります

人が無意識に発する声には癖があり、その偏りが仕事や人間関係に影響を及ぼしています。

人に好かれようとして出す明るい声、営業や接客用のよそゆきの声、人を操作しようとする声、感情を意識的に込めた声……これらの声は、いいもののように思われますが、すべて〝つくっている声〟であり、本当のあなたの声ではありません。

人は自分が聞くことができる音を声として出すといわれています。つまり、普段か

らどんな音を意識して聞くかによって、出す声も決まってくるのです。

自分の声が嫌いな人は、自分が声を出すたびに、無意識に嫌な気持ちになっているのかもしれません。そうして発せられた声は、受け取る側にも影響を及ぼします。かといって、意識的によそゆきの声をつくっても、聞く人には確実に伝わってしまいます。

本当の自分の声が出せるようになると、声を出すことが心地いいと感じるようになります。そうすると受け取る側も心地よく感じられ、人間関係も仕事もうまく回り出すのです。

フルサウンドヴォイスを出すことは、決してハードルが高いものではありません。なぜなら、人は誰でも、よくなろうとする力があるからです。

フルサウンドヴォイスを聞くことによって、そして一緒に声を出すことによって、フルサウンドヴォイスになろうとする力があるのです。

今の自分に自信がない人、仕事がどうしてもうまくいかない人、頑張っているのに売り上げが伸び悩んでいる人、職場の人間関係や、夫婦や親子関係などで悩んでいる人、いつも恋愛がうまくいかない人、本当の自分の魅力がわからない人……そんな人は、ぜひ本書で声を見直し、人生が変わっていくのを実感していただきたいのです。

一日3分ください。毎日続けることで、仕事の結果が変わり、人間関係が変わる「いい声」に調律されていくはずです。

巻末ページのQRコードから、本書の読者のみなさんのためにご用意した声診断ソフト（簡易版）を使うと、自分の声を録音して聞くことと同じ効果があります。自分の声を毎日鏡のように見ながら、調整してみてください。また、3分間トレーニングの音源で、私のフルサウンドヴォイスを聞くこともできます。一緒に声を発することで、共振共鳴が起き、あなたもフルサウンドヴォイスに少しずつ近づくことができます。

あなたも本書でフルサウンドヴォイスを手に入れて、自分自身はもちろん、周囲の人を幸せに導き、人生を好転させていきましょう！

Part 1

2万5千人の声を分析してわかった「なぜか仕事がうまくいく人」の声の秘密

あなたの声の成分がひと目でわかる「声診断」とは

いい声、大きな声、明るい声など、声にはどうしても感覚的な表現が伴います。

声診断ソフトは、そんな感覚的、抽象的な声を、目に見える形で表すことができるもの。声というエネルギーを目に見える形にしたいと探求し続け、開発したものなのです。

具体的には、人の声をフーリエ変換（周波数別に分けること）できる音声分析ソフトを使って12の音に分類し、波形グラフ化したものから心の状態を診断します。

12音は「ド・ド♯・レ・レ♯・ミ・ファ・ファ♯・ソ・ソ♯・ラ・ラ♯・シ」です。ピアノの鍵盤を思い浮かべていただくとイメージしやすいのですが、ピアノの白鍵と黒鍵を全部合わせたもの。

人間の内面とそれぞれの音階との関連性を12色で視覚的に示し、波形グラフには、その人の声にどんな音が、どれだけ含まれているかがひと目でわかるようになっています。

私が声診断を「心のレントゲン」と言っているのは、このようなことからです。たとえば、声の周波数成分のなかに128ヘルツが多く含まれていると、「ド」の音を多く含んでいることになります。

「ド」はすべての音の基盤となる音なので、安心感、安定感があり、エネルギーが強い音です。

実際、声の波形をとらせていただくと、**「ド」の音が強い人は行動力やバイタリティが強い人が多い**のです。会社の経営者にも多い音です。声診断のソフトでは、「レッド」で示しています。

12色のグラフは、専門知識を持った音声心理士でないと分析が難しいので、本書ではわかりやすく6つに分類して紹介します。

声診断をすると、波形グラフと色によって示されるため、そのときの心の状態や癖が一目瞭然。自分の思考の癖や封印していた思考に自覚がなかった方でも、見ると納得してしまいます。

自覚することによって自分の心を少しずつ改善していき、フルサウンドヴォイスが出せるようになっていくのです。

いままで感覚的にしかとらえられなかった「声」を声診断ソフトで視覚化することによって、あなたの「心」も知ることができます。

声診断による結果と、Ｐａｒｔ２でご紹介するトレーニングを行って、その人の心と声を最短・最速で変容させることができます。

小手先のテクニックではない、本当の声の変化、心の変化をぜひ感じてみてください。

面白いほど合致する！この声の波形の人はこんな人

それでは具体的に、声の波形について説明しましょう。

お伝えしたように、当協会が開発した音声分析ソフトでの声の波形は、10秒間で発した声を12音階（12色）×8オクターブを色のグラフで分類し、12の心理エネルギーと照らし合わせます。これを一つひとつ解説するととても複雑になってしまうので、本書ではわかりやすくするために、以下のようにその半分の6音階（6色）×1オクターブで解説します。

- **レッド・コーラルの声＝パワー、行動力**
- **オレンジ・ゴールドの声＝感性、意志力**
- **イエロー・ライムグリーンの声＝カリスマ性、影響力**

●グリーン・アクアの声＝コミュニケーション力（共感力、想像力）
●ブルー・ネイビーの声＝伝達力、洞察力
●バイオレット・マゼンタの声＝愛、受容力

今のあなたの声は何色？

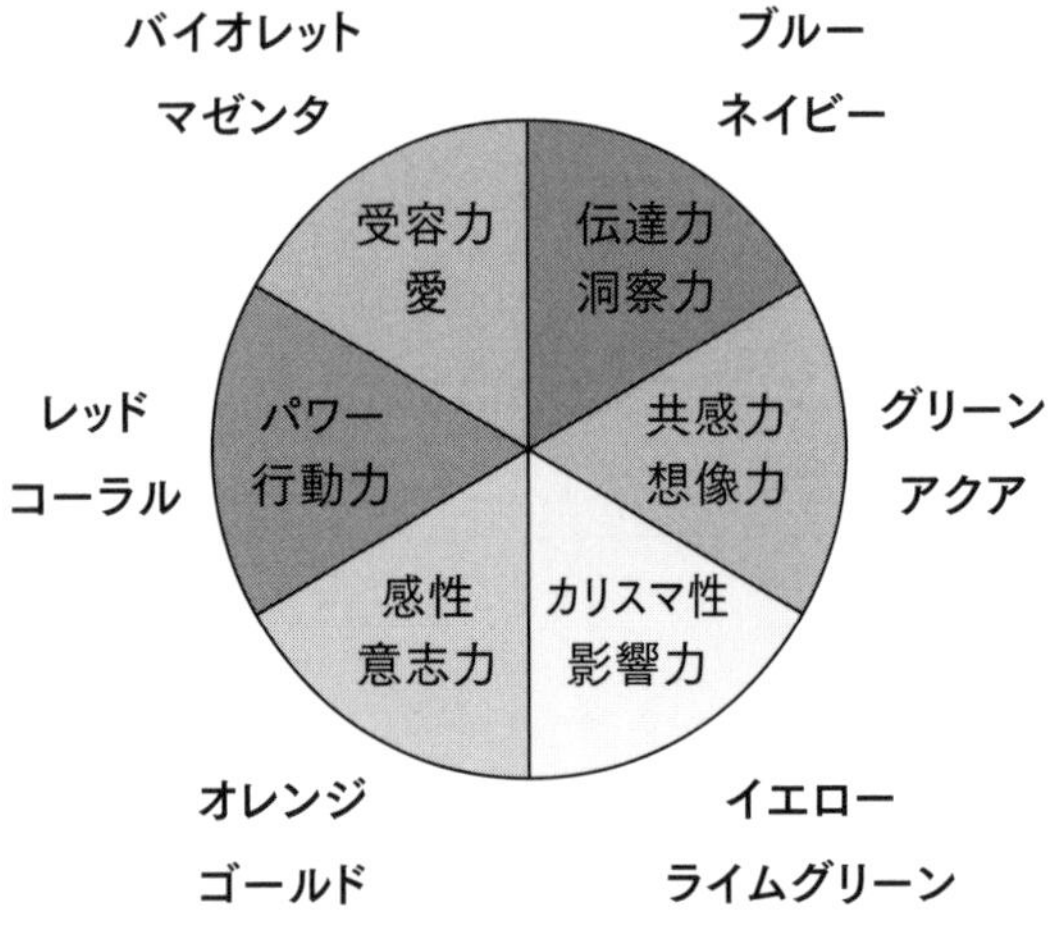

レッド・コーラルの声＝パワー、行動力

レッド・コーラルが出ている人はこんな人

パワー、行動力があり、実践する力、対処する力に優れています。粘り強さもあり、コツコツと一つのことを続けるのも得意です。成功しているビジネスパーソン、経営者には絶対に見られる色です。

行動力があるので理想を形にしたり、現実化したりするのが早く、会社の売り上げの数値がレッド・コーラルの多さにもなってくるくらいに重要な色です。

つまり、企業のトップにレッド・コーラルの波形がどれくらいあるかが、売り上げに直結しているのです。なぜなら、トップである社長のエネルギー状態、健康状態が、即、会社の売り上げになるからです。これまで企業のトップの波形をたくさん見てきたからこそわかったことです。

弱点は、行動力があるだけにいつも動いていないとダメなところ。マグロ症候群と

いわれますが、常に泳ぎ続けていないと死んでしまうマグロのように、予定をたくさん詰め込んで、多忙にしていないといられないのです。お金は会社の血液と言われているように、レッド・コーラルは経営者のエネルギーの量・循環を表しています。

声を聞いただけでは、レッド・コーラルが多いかどうかは判断できないのですが、レッド・コーラルがある人は話すこともとてもしっかりしているのが特徴です。

レッド・コーラルが少ない人の特徴

レッド・コーラルが少ない人は、「行動力」の反対なので、動けません。「やります」などと言って口だけで動くことができないのです。やり方や理屈などが頭ではわかっていても、現実にそれができないといった、理想と現実のギャップがあるのです。

ビジネスなら売り上げなど、数字としての結果が出せない、日常生活ならやらなければならないことはわかっているのに、つい先延ばししてしまう。いずれにしても、エネルギー不足のために、労力が出せない状況です。もしくは、動きすぎてエネルギー不足に陥っていることも考えられます。

エネルギーを使いすぎるとレッド・コーラルが少なくなります。エネルギーは現実としては労力であり、お金でもあります。よくお金はエネルギーと言いますがその通りで、エネルギーが多い人のほうが、お金も得やすいということなのです。

お金が回らないとき、体調がすぐれないときに波形をとると、レッド・コーラルが少ないことが多いものです。エネルギーが消耗していないかどうか、チェックしてみるといいでしょう。

オレンジ・ゴールドの声＝感性、意志力

オレンジ・ゴールドが出ている人はこんな人

信念のある人、自発的に動ける人です。

オレンジ・ゴールドは感情や思いの強さに関係しているエネルギーなので、人を感動させ、人を動かす力があります。

また、美意識が高く、自分軸がしっかりしていて、安定感があります。

これも、成功者にはなくてはならない色です。今の社会で成功するには、いろいろ

な試練があります。どんな試練の波が来ても、オレンジ・ゴールドがある人は自分に根付いている信念・軸があり、ぶれません。

しかし、人を動かす力が強いのはいいのですが、強すぎると気分や感情で人を振り回してしまうこともあるので、感情をマネジメントする能力を身につけるとよいでしょう。

オレンジ・ゴールドが少ない人の特徴

依存傾向があります。職場などでは、言われたことしかやらなかったり、自分から進んで仕事をすることもあまりないでしょう。

自分を支える軸が弱いので、何か気持ちが揺らぐようなことがあると、「これはやるなってことかな」「自分には向いてないのかも」などととらえ、途中でやめたくなる傾向があります。また、やりたいことがあっても、すぐに気持ちが変わってしまうこともあります。やっても長続きしないことも多々あります。

さらに、自分の感情をうまく出すことができないため、周囲からは何を考えているのかわからない印象を持たれがちです。

ただ、感情をうまく表現できないということは、感情を抑えて理性を多く使うことで人間関係をよく保とうと努力をしてきた人でもあります。このように感情を表に出さないようにする処世術を身につけてしまうと、感動する力が薄らいだり、本当の喜びを感じにくくなってしまう恐れもあります。オレンジ・ゴールドを出してフルサウンドヴォイスを身につければ、感情を出すことを恐れず、自分軸で生きていくことができるようになります。その結果、人の心を動かしたり相手への信頼感が増すでしょう。

イエロー・ライムグリーンの声＝カリスマ性、影響力

イエロー・ライムグリーンが出ている人はこんな人

カリスマ性やリーダーシップを表すので、いるだけで周りが影響を受けるような存在感がある人、何もしていないのに目立ってしまったり、個性がにじみ出たりしています。

マイペースで自分の世界を持っている人にも多く、独自性があり、決断力もあります。

たとえば営業職でこの色が多く出ていると、商品のことは置いておいて、お客さまに「あなたが言うなら買いますよ」と言わせてしまいます。なぜか説得力があるのです。カリスマ性、影響力があるので、社長の個性が会社全体のカラーになっているケースが多いです。タレント色も強いので、人気のあるアナウンサーにもこの色があります。特徴的なのが選挙演説です。

選挙演説はこう言ってはなんですが、自己主張の激しい世界です。自分の名前を知ってもらい、自分を売り出さなければ選挙に当選しませんから仕方がないのですが、イエロー・ライムグリーンも行きすぎれば自己主張が強くわがままになります。常に他人と比較し、競争し、戦いに勝って「勝ち組」になることを目標に生きるようになります。イエロー・ライムグリーンが強く出すぎると、その分、ライバルからたたかれることもあります。

自分をわかったうえでバランスをとり、一歩引けるような存在になると、本当の意味で自分を信じることができ、カリスマ以上になることができるでしょう。

イエロー・ライムグリーンが少ない人の特徴

少ないと自分に自信が持てなくなります。自己肯定感も低くなってしまいます。弱すぎると負け組体質になってしまいます。つまり、自分が引くことでその場を丸く収めようとしたり、目立たないように、相手から戦いを挑まれたりしないように、あえて自分を道化のようにキャラ設定したり自虐したりして、自分を守る処世術を身につけてしまう人もいます。

ものわかりのいい、世渡り上手になっていくにつれ、無害な「いい人」となってしまうのです。

幼少期の家庭環境もこの色が影響していることがあり、「お兄ちゃん、お姉ちゃんなんだから我慢しなさい」などと親に言われてきた人などにも少ない傾向があります。また、独自性、個性に関わる色なので、自分で自分がわからない、自分は何が好きで、何がしたいのかもわからない、といった傾向があります。

本当の自分は何者なのかと考えて、いろいろなセミナーやセッションを受けたりして、終わらない自分探しの旅に出てしまうのも、このようなタイプです。

イエロー・ライムグリーンの波形を出して本当の自分を信じる強さが身につけば、まるで太陽のように、あなたが輝き、そこにいるだけで周りに温かい愛や光を与え続けられるようになっていきます。

イエロー・ライムグリーンが出てくることで、自分のやりたいことが見つかった、会社の中でサポート的な役割をしてきたけれど、もっと自分の強みを活《い》かせる役割を見いだせた、といった声もあります。

グリーン・アクアの声＝共感力、想像力

グリーン・アクアが出ている人はこんな人

グリーン・アクアは別名コミュニケーションゾーンと言われているため、この波形が出ているだけで人と仲良くなれる、人の心をつかめているということがわかります。

共感力、傾聴力も高く、空気を読む力もあります。人と調和し、バランスをとるこ

とも抜群にうまいのです。

相手に潜在しているニーズをくみとれてしまうため、この波形が強く出ている営業職の人は無敵です。

「この人は○○に興味があるんだな。では、その話をしよう」とわかるのです。ですから、ほとんど営業をしていないのに「買わせてください」と言わせてしまいます。

また、傾聴力が強いと相手の言葉ではなく、声なき声が聞けるようになります。すると相手のほしいもの（Ｗａｎｔｓ）がわかってしまうので、勝手に売れてしまうのです。

一方でグリーン・アクアが強すぎると共感しすぎてしまい、相手と同化しすぎてしまうことがあります。

人の話を聞く力が強いと、相手のつらさを自分のつらさのように受け止めて悩んでしまったり、相手の意見と同じにしなくてはいけないと、相手に合わせすぎて疲れてしまったりすることもあります。ＨＳＰ（Highly Sensitive Person ＝とても繊細な人）と言われている人の特徴でもあります。

グリーン・アクアが少ない人の特徴

少ないと共感したり傾聴することを面倒に感じてしまいます。あまり他人のことに関心がなく、他人の話に耳を傾けようとしないといった傾向も。相手の話が耳に入ってはいても、親身になることをあえてしません。これは、相手に深く入り込んでしまっては失礼だということや、関わりすぎるのを避けているからです。

グリーン・アクアが多い人にも少ない人にも共通しているのが、人とのコミュニケーションに疲れてしまうこと。少ない人の場合は、話しても理解してくれない、あまり親身になって話を聞いてくれないという印象を持たれ、やがて相手は話す気力がなくなってしまいます。

傾聴力が少ないとどうしても頭で聞いてしまいます。相手の話を言葉で聞こうとして頭が働き、コミュニケーションをすると疲れてしまうのです。グリーン・アクアが少ない人は、頭で聞くのではなく、ハートで聞くように意識しましょう。

ハートを開いて聞くには、言葉の奥にある言葉ではないエネルギーを感じることからスタートするといいでしょう。

ブルー・ネイビーの声＝伝達力、洞察力

ブルー・ネイビーが出ている人はこんな人

ブルー・ネイビーは論理的な思考、知性、表現、伝えることに関するエネルギーです。戦略を立てるのがうまく、物事の全体像が見えている人が多いので、言語化が上手です。アナウンサーは、たいていブルー・ネイビーが強く出ています。

説明やプレゼンもお手のもの。プランニング、体系化したり、物事を整理したり、作戦を練るのもうまいので、会社でパワポの資料を作らせたらこの人、と言われる人も多いでしょう。データをたくさん用意したり、分析したり、エビデンスを並べたり、完璧なものを作って臨みます。

一方で、ブルー・ネイビーが多すぎると、理想が高かったり完璧さを求めすぎて、自分で限界をつくってしまいます。たとえば、ルールから少しでもはみ出すとゆるせないといった融通の利かなさや、過去に成功体験がある人ほど「○○すべき」などの

固定観念が強く、自分のルールや物差しで人を裁いてしまうこともあります。

また、ネイビーが強いと直感的に人を見抜く力や洞察力が優れている分、よく見えすぎてしまい、憶測や邪推が働き、人を信頼できなくなってしまうことも。

直観力や洞察力が優れていると、アイデアやひらめきが降りてきやすいメリットがありますが、それがネガティブに傾くと、物事を邪推して悪いほうに考えすぎてしまうことがあるのです。

ブルー・ネイビーが少ない人の特徴

ブルー・ネイビーが少ない＝言語化が苦手なので、言いたいことが言えない、うまく伝えられないといった状況になります。言いたいことはあるけれど、どう表現していいかわからないのです。言いたいことがまとまらないということもよくあります。

説明しているつもりなのに話の筋が飛んでしまって、「結局、何が言いたいの？」「言いたいことは何？」などと言われてしまうことも。物事の全体像を捉えるのが苦手なので、先が見えていなかったり、本質がわかっていなかったりするため、思考がブレてしまうこともあります。

また、身の回りの整理整頓ができないといった傾向があります。部屋の片付けや整理整頓には物事の全体を把握する力が必要です。この力が弱いと、物事を俯瞰《ふかん》することができず、部屋を片付けることが苦手になってしまうのかもしれません。

あるセミナー講師の方で、ブルー・ネイビーが弱い人がいました。人を惹きつける力があり人気はあったのですが、言語化が苦手で、自分のコンテンツが作れなかったのです。この後、本書のPart 2でご紹介するヴォイストレーニングとともに、言語化の練習をし、図を描いて思考を整理する練習をしながら、一緒にコンテンツをつくっていきました。すると、論理的にわかりやすく話せるようになっただけでなく、全体像が見えてきて、この先の人生の目標まで見通せるようになりました。

バイオレット・マゼンタの声＝愛、受容力

バイオレット・マゼンタが出ている人はこんな人

慈愛の力、愛情と深く関係しています。

「愛」というとなんだか恥ずかしいと思われる人もいるかもしれませんが、ここで言う愛は、見守る力、ゆるす力、支える力、無償の愛といった自然の愛に近いものを言います。

相手を受け入れる大きな器があり、社会貢献やボランティア、エコ、平和など人に喜ばれることや、役に立つことを生きがいにしている人も多いでしょう。

自分の中の愛の器が大きくなること、つまり自ら愛を出すことができるようになると、波形が全色出るようになり、その結果、声もフルサウンドヴォイスに近づいていきます。

一方、バイオレット・マゼンタが多すぎると、気配りしすぎて疲れてしまったり、

与えたことに対して見返りを求める傾向や、社会貢献や親切、感謝などを他人に無意識に求めてしまいがちです。

その結果、承認欲求のループにはまり、認めてもらいたいがために行動するといったことも起こりがちになります。

バイオレット・マゼンタが少ない人の特徴

バイオレット・マゼンタが少ないと、まず自己受容ができにくくなります。わかりやすく言えば、自分のことをゆるせないのです。たとえば、「もっとこうなりたい」、そして「声が嫌い」なども、すべて自己受容に関係してきます。基準とするところが高すぎるため、やがて自分だけでなく他人も受け入れられない人が出てきます。

あとで触れますが、マゼンタは営業職に足りない色の一つでもあります。マゼンタが少ないと、どうしてもライバルと戦ったり、自分の体の限界まで仕事を頑張ってしまいます。

実は、学校の先生なども、いかにも子どもへの愛にあふれてマゼンタが多そうですが、枯渇している人がとても多いのです。本来はマゼンタがあるはずなのですが、今の教師は忙しく、業務に追われているうちに子どもたちを受容する余裕がなくなっているのです。するとブルー・ネイビーが増えてバイオレット・マゼンタがへこみ、「こうでなければならない」「こうしなければならない」など、規律に厳しくなります。子どもをこういう子に育てたいという理想があればあるほど枠や型を作り、その枠に外れている子を見守ることが難しくなるのです。

バイオレット・マゼンタが少ない人は、受容、ゆるすことが課題です。

知って知らない「声」にまつわる5つの重大ポイント

●聞き慣れた声を「いい声」だと思いがち

いい声、癒やされる声、心地いいと感じる声は聞く人によって違うのは、先に触れた通りです。そのなかで誰が聞いても心地いい声があります。聞き手が受け取りやすい声、軟口蓋がゆるんでリラックスしている声です。

それがフルサウンドヴォイスです。本書では、フルサウンドヴォイスを目指しますが、ここで一つ問題なのは、みなさんが普段聞いている声によって、「いい声」を間違えて捉えてしまっているということ。

私たちはどうしても、普段聞き慣れている声をいい声だと思い込む傾向があります。

とくに最近は、ゲームの声やアニメ声、動画投稿サイトなどで関心を引くために煽るような声、キンキンした声、電子音、加工された声などを聞き慣れている人も多いため、ある意味、耳が洗脳されています。現代人の耳は大ピンチなのです。

本来、コントロールされたつくられた声や前に押し出すような攻撃的な声を、私たちはずっと聞いていられません。このような声は軟口蓋をつぶし、無理をして出しています。

本当にいい声は、その人がいちばんゆるんでリラックスした状態で出している素《す》の声です。そんな声は聞いていて安心できて、いつまでも聞いていられるのです。

●声の状態は毎日変わる

声の波形の特徴を紹介しましたが、「何色が多く出ているからよかった」「出ていないからダメだ」ということはありません。

声診断は占いではありません。私は何色が多いからラッキー、何色が出ていないからアンラッキーなどと、一喜一憂しないでほしいのです。

どの色にもよさがあり、多すぎること、少なすぎることによる特徴があります。もちろんすべての色がバランスよく出ている波形（＝フルサウンドヴォイス）がいちばん望ましいのはいうまでもありませんが、必ず改善ができるものなのです。

声診断で実際に波形をとっていただければわかりますが、とるたびに波形は変わります。毎日変わるのはもちろん、その場所によっても、誰と話しているかによっても変わります。

たとえば、職場で上司と話しているときは緊張している声の波形になるでしょうし、好きな人と話しているときはリラックスしている声の波長になるでしょう。

お子さんが2人いるお母さんに、それぞれのお子さんに話しかけたときの声の波形をとったところ、明らかに違いが見られました。そのお子さんに対しての心の状態が、声に表れたのでしょう。

声の波形は「心のレントゲン」と言っているのは、こういった理由からです。

人の心はそのときによって変わるからです。レッド・コーラルが少なければ「今日はちょっと疲れていてエネルギー不足なのかな」とか、ブルー・ネイビーが多ければ、「今日はプレゼンだから仕事モードになっているんだな」などと自分で分析することもできます。

こうして自分の声と向き合うことは、自分の傾向や心の癖を知ることになります。そして、いつ、どこで、何を、誰と話してもすべての色がバランスよく出るフルサウンドヴォイスになるように、声を磨き上げていくのです。

●声は嘘をつかない

声は嘘をつけません。取りつくろった声には、隠しようのない装飾が表れます。

たとえば、電車に親子が乗っていたとしましょう。靴のまま席に乗ろうとする子に、「○○ちゃん、靴を脱ぎましょうね」とやさしく言い聞かせようとしますが、子どもは言うことを聞きません。これは、親の声に子どもを受容する愛の波形であるマゼンタ・バイオレットが入っておらず、「ねばならない」のブルー・ネイビーの波形を出してしつけようとしているからです。

小さい子どもでも、親が発する声のエネルギーはわかります。心の中では「本当は強く言いたいけど、周りの目が気になる」「しつけができない親だと思われたくない」

など、さまざまな思いが入りまじっていたのでしょう。

もし、本当に慈愛の心で声を発していたら、極端なことを言えば、やさしい言葉かけでなくても子どもには伝わります。

ビジネスでよくあるのが、気を使いすぎて本当の声が出せないケースです。

気遣いができることは素晴らしいことですが、どこかで無理をしていたり、少なからず緊張していたりします。気遣いが行きすぎると、取り繕った、装飾された声で話してしまうのです。

どんなに「感じがいい」「好印象を与えるような」声で話しても、見せかけの声は嘘をつけません。そうすると相手と信頼関係が生まれにくくなり、人間同士の愛を感じられなくなります。そうなれば、仕事も人間関係も今一つうまくいかない……ということになってしまいます。

言葉でどんなにうまく伝えようとしても、心と裏腹なことを言ったり、取り繕ったりすると、その言葉は本当の意味で相手に届かないのです。それがビジネスなら職場関係や売り上げ、家族関係なら親子や夫婦などの関係性に影響を与えてしまいます。

心の状態の表れである声の周波数は嘘をつけません。今まで2万5000人のデータを見てきて、そう確信しています。

●心の状態（心理）が声（音声）に表れる仕組み

人間を楽器にたとえると、楽器が奏でる音が「声」です。私たち人間の楽器は一人ひとり個性があるため、奏でる音にも違いがありますが、本来はそれぞれが素晴らしい音＝声を持っています。

楽器は振動体と共鳴器で音が鳴るようになっています。ギターなら振動体が弦、共鳴器がボディーですし、ピアノなら弦が振動体で箱が共鳴器です。

人間の場合、振動体は声帯で体が共鳴器です。空気は声帯を通って振動し、その音の振動波が体に響いて声が鳴るという仕組みになっています。

でも、一つだけ、ほかの楽器にはなくて人間にだけ与えられているものがあります。それが、プロローグでも触れた軟口蓋（ソフトパレット）です。軟口蓋の開き具合や形によって、声の音色は微細に変化するのです。

軟口蓋の仕組みについては後述しますが、声の仕組みを学んでいくなかで、軟口蓋が、人の心と密接に関係していることがわかったのです。

気持ちが落ち込んだときは低く暗い声になる、リラックスして満たされていると高く明るい声になる――皆さんも実感できることではないでしょうか。

これは、落ち込んでいるときは軟口蓋が狭く、リラックスしていると大きく開くからです。緊張しているときや不安なときも軟口蓋は硬く、狭くなります。

こういったことはすべて無意識に行っています。つまり、心の状態が軟口蓋と無意識に連動しているのです。だから、心にアプローチすることで軟口蓋の形が変わり、声も変わるのではないか、と気づいたのです。

逆にいえば、軟口蓋をリラックスさせて開けば、心も穏やかになるということになります。ストレスがたまったときや緊張や不安があるとき、カラオケなどで歌を歌うと心が落ち着くことがありますが、無意識に声を出すことで軟口蓋をほぐしてリラックスさせようとしているのかもしれません。

だからこそ、声を適切に使って本当の自分の声が出すことで、心を整えることができるのです。

軟口蓋がリラックスしているフルサウンドヴォイスにたどり着くことができれば、

常に自分自身が調律されて、心も安定するようになります。

●日本人にライムグリーンが少ない理由

日本人によく見られる心の癖。それが自己存在価値や自己肯定感が低いことです。波形の色で言うと、ライムグリーンが少ないのです。これまで多くの人の波形をとってきましたが、ライムグリーンがへこんでいる人がとても多かったのです。仕事で成功している人、人生がうまくいっている人でさえも、このような傾向が見られることがありました。

とても興味深かったのが、認知症の症状がある方の声の波形をとらせていただいた経験です。依頼されたのは介護士ヘルパーさんでした。

「ヘルパーさんたちがみんな疲れています。高齢者のお世話をすること自体は、みんな喜んでやっていて全然疲れないはずなのですが、どこに疲れてしまう原因があるか、見てもらえませんか」と。

ヘルパーさんたちの波形を見たら、みんなライムグリーン（ファ）の音が少なく、自己肯定感が低い波形が出ました。

自己肯定感が低い人は、人と比較してしまいがちです。ヘルパーさん同士で「あの人のほうが優遇されている。うらやましい。私のほうが仕事をしているのに」「あの人のやり方は違う。よくない」「私は否定された。ダメだ」などと比較してもめていたのです。高齢者のお世話ではなく、ヘルパーさん同士の横のつながり、人間関係で疲れていたのですね。

そして自己肯定感をアップさせ、自己受容をする方法をお伝えしたところ、チームワークがよくなりました。

話はここからです。もしよろしければ、「認知症の方の声の波形をとらせてもらえませんか」とお願いしたのです。介護施設で働くスタッフのご家族で、認知症で徘徊《はいかい》が見られる方の波形をとらせていただいたところ、全員、ストレスを感じる場面（ストレストーン。119ページ参照）でこの色を出していたのです。

それが、ライムグリーンでした。

私はそれまで、徘徊するのは脳に異常があるからだと思っていました。でも、この結果から、メンタルが大きく影響しているのではないかと思ったのです。ライムグリーンが少ない=自己存在価値が低いということなので、要は「自分の存在を認めてもらっていない」という心の状態を表しているのではないか、と。

ライムグリーンは、今の日本のメンタルの問題の鍵となる色です。実際、リストカットや薬による自殺未遂をしたことがある人、引きこもりの人の波形にも共通してこの自己存在価値に関する課題が見えてきました。

自分を認めてほしいという承認欲求が満たされていない状態が続くと、このようなことになります。

ライムグリーンの原因となるさまざまな心の癖を改善していくことが、日本人の幸福度を上げる鍵です。無価値観は、外側からいくら働きかけてもなかなか改善しません。自分自身の内側からの気づきが必要になります。

その気づきとなるのが「声診断」です。声の変化を耳で聞くだけでなく、波形として目で確認できるので、心の状態をチェックすることができます。心の課題の乗り越え方は一人ひとり違いますが、自覚をすることで変容しようという意識が芽生えます。こうして日々チェックをしていきながら、心の状態が変わると声が変わることを実感していくことができるのです。

営業成績がいい人×悪い人の声の特徴

今まで2万5000人のさまざまなタイプ、職業の方の声の波形を見てきましたが、職業によって多くの共通点があることが経験上わかりました。

ここからは、職業やタイプ別の声の特徴についてお話ししていきます。

12色の色の意味については、別図（5ページ）を参照にしてください。

まずは**営業職に少ない色、トップ3**を紹介しましょう。

1位グリーン、2位マゼンタ、3位アクアです。

グリーンは日本人の営業職に足りない色として顕著です。

グリーンは共感力を表す色。つまり、営業職の方には、残念ながら共感力がない人が多いのです。

たとえば、お客様の話を聞いているようで聞いていない。「次に何を話そうか」と考えながら話しているためです。

それがお客様には無意識のうちに伝わってしまうので、「この人は私に買わせようとしている」などと思われ、売り上げにつながらないのです。

グリーンが足りない人は、とにかく「待つ」ことができません。待てないから種を蒔《ま》いたらすぐに刈りたがるのです。お客様が購入するかしないかを見極め、反論シミュレーションをしたり、プレゼンの仕方を切り替えたりして、結果につなげようと努力をしてしまうのです。その結果、関係性が崩れてしまったり、別の障害が表れ、かえって売り上げが遠のいてしまうのです。スピード重視にならず、実がなるまでじっくり待つことがいい結果につながります。相手に何かを伝えようとするならば、心と心のスキンシップが十分にとれてから、まずは相手の心が開き相手の心の声を聞くことが大切なのです。

2位のマゼンタは、愛、受容力です。

「営業に愛や受容を出していたら、売り上げにつながらない」

「お客様を受容するだけでは、ビジネスの話が進まない」

昭和の時代ならそうだったかもしれません。競争社会のなかで、戦って勝ち取ることに慣れている営業職の人にとっては、最も必要のない色だと思われていたのでしょう。

でも、今の時代、愛や受容の精神という付加価値がなくては、人の心には響かず、物が売れない時代になったのです。愛というのはギブ（give）の精神。まずは先に相手に与える。シェアする。相手からいただいた以上のものを恩返ししていくという、「愛先出しの法則」が大切なのです。

そして3位がアクア。これは1位のグリーンにも通じるのですが、同じように共感力、傾聴力を表します。

なかでもアクアだけの特徴は、非言語エネルギー、空気を読み取る力です。相手に潜在しているニーズやウォンツをくみとり、相手の欲しい物が何なのかがわかる能力です。空気が読めないと会話のポイントがずれてしまうので、ムダな営業に時間を費やすことになってしまうのです。空気が読める営業は、相手の困りごとを引き出して解決するだけで物が売れるので営業していることも感じさせません。

空気が読めるだけで、営業センスがある人と言われます。

●接客研修との共通点

「ソとファ♯の音で話すと印象がいいですよ」

接客の社員研修で、ヴォイストレーニングの先生がよく言うセリフです。ソとファ♯の音の高さで話されると、聞くほうが心地よく感じるのです。

実は、ソとファ♯は、色でいうとグリーンとアクアです。

理由は、わかりますよね。共感を得られ、話しかけられたほうは、寄り添ってもらえたと感じるからです。

ソとファ♯で「こんにちは」「ようこそ」「どうかしましたか?」「ありがとうございます」などと声を出すと、「とても感じがいい」と評判になったりします。

これは男性でも女性でも同じで、高い声がいいというわけではなく、その人が出せる声の高さで、ソとファ♯であれば大丈夫。ソとファ♯の音は頭から出そうと思ってもなかなか出せず、ハートに響く音なのです。

私も営業職をやっていた経験があるのでわかりますが、いかに普段は愛想がない話し方をしていることか。

たとえば、営業の電話で「申し訳ございませんでした」と高い声で謝り、電話を切ったあとで、「こういう客は、こうしておけばいい」などと急に声のトーンが落ちて、二重人格みたいになっていること、ありませんか。

本人は感じよく高い声で謝って、お客様に受け入れてもらえた！　なんて思っていますが、大間違い。

電話のときだけ感じのいい声を出そうと取り繕っても、相手にはバレているのです。

不思議ですよね。

リーダーシップがある人×ない人の声の特徴

ひと口にリーダーシップといっても、いろいろなリーダーシップがあります。

色でいえばレッドの組織、オレンジの組織、イエローの組織、グリーンの組織……。

それによって、リーダーシップ論も変わってきます。これはティール組織という概念にも共通しています。ティール組織というのは2014年にフレデリック・ラルーが提唱した「Reinventing Organization」という新しい組織モデルです。今までのマネジメントにおいて常識とされていた考え方や組織構成とはまったく異なる内容を示したものになりますが、このティール化で成果を上げた事例が増えてきているそうです。

ティール組織はレッド、オレンジ、アンバー（琥珀《こはく》）、グリーン、ティール（青緑色）の5段階に分けられています。

たとえば、レッドは軍隊のような組織です。飛び込み営業をしたり、とにかく「数字を上げる」ことが第一。このような組織では、リーダーシップ＝行動力です。まさにレッドの特徴そのものですね。いわゆる「俺の背中を見て学べ」タイプです。そういうリーダーについて行ける人はいいですが、ついて行けない人たちは辞めてしまうでしょう。

オレンジの組織は、オレンジが感情や思いの強さに関連するエネルギーなのでモチベーションが大事です。

レッドの軍隊のような組織まではいかないものの、「できるといえば、できる！」というような、盛り上がりが見られる組織です。リーダーはムードメーカーのような役割で社員にどうやる気を起こさせるかと、常に薪をくべることに全力を傾けています。競争心を煽ったり、ご褒美《ほうび》をぶら下げて、どうやれば組織を思い通りに動かせるかと、リーダーは試行錯誤しています。

イエロー（アンバー）の組織のリーダーはカリスマ的存在です。みんな「〇〇さんについていきます！」というような組織です。社員はリーダーに心酔し、役割を与えられることが生きがいになっています。言われたことを従順にこなす社員はカリスマリーダーのもと、一つにまとまっていますが、指示なしで動くことや、変化に順応する力が少ないのが特徴です。

●新型コロナウイルス感染症の流行でリーダー像が一変

ここまでのレッド・オレンジ・イエロー（アンバー）の組織がこれまでの日本でもよく見られた組織であり、結果を出していた組織です。

ところが、新型コロナウイルス感染症の流行で一変しました。レッド・オレンジ・イエロー（アンバー）のような会社組織が伸び悩み、「数字が伸びなくなった」とご相談にいらっしゃる方が増え始めたのです。

これからの組織が向かう先は、グリーンです。

グリーンは共感、傾聴の色なので、グリーン組織のリーダーは、とにかく部下一人ひとりの思いや状況をよく聞きます。特徴は、組織全体のバランスや調和を大事にすること、そしてシェアすること。

仕事を独り占めしたり、あるいは抱え込んだりせずに、お互いを応援し合うのです。

これがなかなかできないのが、今のリーダーです。外資系や業績が伸びている組織はシェア、調和を大切にしています。一人ひとりが主体的に行動できる安心安全の場で、その人らしさを表現できるのがグリーン組織です。

フルサウンドヴォイスでティール化組織を目指す

そしてもう一つがアクアです。アクアはまさに、今注目され、伸びている企業が目指している「ティール化組織」に必要な色です。

社長や上司が管理・干渉をして、「あれをやってくれ」「これはもうやったのか?」などと指示命令するのが今までのトップダウンの組織です。

これに対して、ティール化組織は、上が管理・干渉しなくても、個人が意思決定できるフラットな組織です。それによって、一人ひとりが自発的に動いて自分の役割を果たし、組織は成長し続けます。

ティール化組織の鍵を握っているのが、アクアのリーダーです。営業職のところでも話しましたが、アクアがある人は、空気を読める人であり、傾聴ができる人です。

社員一人ひとりの気持ちや考えをくみとる能力に長《た》けているのです。

私のところに相談に来る企業のトップにも、アクアが足りない人が多くいます。みなさん、アクアを出せるようになりたいのです。でも、足りない。

なぜかというと、「人の話を聞いていない」から。それを指摘すると、「聞いていますよ！」とおっしゃいますが、どんなふうに聞いているかを話していただくと、やっぱり聞いていないのです（笑）。

要は、一人ひとりの話を聞くこと＝インタビューだと思っているのです。もっとひどいケースでは、話を聞くと言いながらほとんど尋問をしているようなこともあるようです。あるいは、社員に話をさせて聞いてはいるものの、形式的に聞いているだけのケース。これらはみんな傾聴とはいえません。

傾聴ができているかどうかは、声の波形にグリーン・アクアが出ているかどうかですぐわかってしまいます。

一人ひとり、強く出ている色は違います。ですから、それぞれが役割を果たして動くティール化組織では、レッド・コーラル、オレンジ・ゴールド、イエロー・ライムグリーン、グリーン・アクア、ブルー・ネイビー、バイオレット・マゼンタ、それぞれの色の強みを活かして、それぞれが個性を響き合わせ、フルサウンドヴォイスの組織ができます。

これからは役割分担ではなく、役割意識の時代です。役職がついている・ついていない、上か下かではなく、問題解決ができるなら、誰がそれをやってもいい時代になってきているのです。

役割意識をさせるのは難しいと思われるかもしれませんが、声の波形を見れば一目瞭然。お互いに理解しあって、自分の強みを伸ばし、足りないところを補い合っていく。**フルサウンドヴォイスは、まさに「ティール化組織」を体現しています。**メンバー同士がシンクロ、共鳴しながら行動をとることができます。

ティール組織に必要なものは①一人ひとりが自分で決断し、自立して行動して成果を上げていくセルフマネジメント②個のありのままを受け入れること(ホールネス)③トップが独断で行うのではなく、現実の変化に合わせてメンバー全員で目的を進化させることです。

私は将来的に、全員がフルサウンドヴォイスを出せるような組織づくりを目指しています。それができたら、もう怖いものなしだと思いませんか。

セミナーやプレゼンで成功する人×失敗する人の声の特徴

セミナーやプレゼンで成功するためには、フルサウンドヴォイスが出ているに越したことはありません。

セミナーで失敗してしまう声は、やはり、どこかに偏っている声です。

セミナーの内容にもよりますが、興味や関心があって参加したはずなのに、なぜか眠くなってしまった……なんてこと、ありませんか？

眠くさせてしまう声、それはブルー・ネイビーのみの声。まるで何かを読んでいるだけのような声です。政治家の答弁などは、まさにブルー・ネイビーの典型例。

ブルー・ネイビーは論理的なエネルギーなので、頭に働きかける声なのです。

わかりやすく説明している分にはいいのですが、ダラダラ説明しているだけのような声だと、受け手の頭がいっぱいになり、「もうこの情報はいらない」と判断してしまいます。それが思考停止や眠気につながります。

一方で、〝つまらない〟話なのに、聞かせてしまう声もあります。それが、グリーン・アクアの声。ハートに訴えかける声なので、思わず聞くほうが共感してしまうんですね。「私が今に至るまでには、いろいろな苦労がありました。あるとき、母が病気になって……」などというストーリーを話され、思わず共感しながら聞き入ってしまった、なんてことありますよね。

もう一つ、思わず聞いてしまう声が、レッド・コーラル、オレンジ・ゴールドの声。これらの色は、体感や感情に働きかける声です。

ただ、どんな声に聞き入ってしまうかは、人によって違います。その人の声の波形がどこに多く出ているかによって、惹かれる声が違うからです。共感系が好きな人はグリーン・アクアですし、元気系が好きならレッド・コーラル、オレンジ・ゴールドの声に惹かれるでしょう。

レッド・コーラル、オレンジ・ゴールドの声は、体感や感情に働きかけるイキイキとした声ですが、聴く人によっては疲れてしまうことがあります。「これ、すっごくいいんです！　めちゃくちゃきれいになるし、健康になっちゃいますよ～」などと言われて、ワクワクしてくる人と、疲れる人がいるでしょう？

フルサウンドヴォイスは誰にも満遍なく届く声です。ですから、自分が体感の声しかなかったら共感の声を開こうというように、足りない色の声を出していくことが可能性を広げることになります。声の波形を広げるということは、自分の持っている才能の可能性を広げることなのです。

●人を動かす声で選挙当選

魂から発する声については、心に届くことを実感した出来事があります。今でもことあるごとにお話しする、忘れられないエピソードです。

私は大学生の頃、アナウンサーを目指してアナウンス学校に通っていました。にもかかわらず、あるとき、選挙演説を聞いたら、「声で人を動かすって面白い」と思い、何を思ったか衆議院議員の秘書になりました。

日常的にいろいろな政治家の声を聞いているうちに、声を聞いただけで「この人は当選する」「この人は落選する」ということが、なんとなくわかるようになってきました。

街中で選挙演説をしていると、「うるさいな」と思いながら通り過ぎてしまうときと、思わず足を止めてしまう声がありますね。

今なら、思わず聞き入ってしまう声の波形がグリーンだということがわかります。「みなさん、今の消費税、納得できていますか？」などというように共感させるような声です。

一方、政治家に圧倒的に多いのはレッドの声。パワーにあふれているのはいいのですが、「俺が、俺が」「私が、私が」というエネルギーが強い声です。「みなさん、今のままで本当にいいんですか！」なんて声を張り上げている、あれです。

私がまだ声の研究に取り組んでいなかった秘書のころ、ある有名政治家のウグイス嬢をしたことがあります。当時、彼は現職の衆議院議員でしたが、背水の陣で無所属で市長選挙に立候補したのです。

当時、現職の市長は何期も務めていた方でしたから、その立候補は無謀といわれていました。周囲が止めても「俺は市から日本を変えるんだ」と張り切っていましたが、

「当選するわけがない」というムード一色。

　市役所の職員がいる前で演説をしても、誰も聞いてくれません。でも、彼の信念は強く揺るぎませんでした。その声はそばで聞いていても、魂に響くような声でした。自分の立場も収入もすべて捨てて、手弁当で木箱の上に立ち、本気で訴えていたからでしょう。

　今振り返って分析すれば、最初はイエローとゴールドが多い波形の声で、カリスマ性や意志の強い声でした。

　そこから、僭越《せんえつ》ながら私が女性からの視点や、訴えたほうがいいことなどを助言させていただきました。やがて共感や受容の声を身につけていき、最終的にフルサウンドヴォイスに近くなったのではないかと思います。

　その声を聞いていたのが、ホームレスたちでした。

　ホームレスが思わず拍手をして演説に聞き入っていたのです。そしてついに、ホームレスの心を動かしました。ホームレスの方たちがそれぞれゴミ袋を持って現れました。よく見ると、袋のなかには、タバコの吸い殻などのゴミが入っています。

「僕らには投票権がないけど、彼の演説を聞いて応援したくて、駅の掃除を始めた」

と言うではありませんか。

やがて彼の声は市民全体の心を動かし、奇跡の初当選となったのです。

もちろん彼が訴えた内容や、取りつくろわない姿が共感を呼んだことは間違いありません。でも、政治家らしい、意志の強い、カリスマ性のある声から、魂に訴えるフルサウンドヴォイスに変容する様をそばで見ていた私には、声の力をまざまざと感じた出来事として、今でも強く心に刻まれているのです。

サービス業の上手い人×下手な人の声の特徴

サービス業とひと口にいってもいろいろな職業がありますが、共通して必要な色が、マゼンタとグリーンです。

ここでは、介護士さん、教師、エステティシャンの3つの職業の具体的なエピソードを交えて紹介します。

介護士

介護士さんは本来、愛と受容が必要なので、マゼンタが多いことが大事です。

ところが、実際はマゼンタが少ない人が多いのです。おそらく仕事の疲れが影響しているのでしょう。

自分が愛で満たされていないのに愛を出さないといけない職業なので、矛盾をしているようですが、消耗してしまうと愛を出したくても出すことができません。

マゼンタが出るようになると、高齢者の対応を変えてしまうことが起きます。

歯磨きをしようとすると、「歯磨きしたくない」と拒否をしていた高齢者がいらっしゃいました。無理やり「歯磨きしましょう」と言っても、まったくダメ。

マゼンタがないのに、どんなに優しい声で「歯磨きしましょうね」なんて言っても、偽物の優しさは声を通して伝わってしまいます。

時々、高齢者に対して、子どもに対するように「はい、おじいちゃん、歯磨きしましょうね～」などと小馬鹿にしているような（失礼！）接し方をしている方がいらっしゃいますが、ケアさせていただいているのは人生の先輩です。

マゼンタが出るようになり、フルサウンドヴォイスに近くなると、そんな接し方はできなくなります。敬意を持って「○○さん、歯磨きさせてくださいね」と言うようになります。すると、**歯磨きをさせてくれるどころか、「ありがとう」とお礼まで言われるようになった**という事例がたくさん届いています。

また、グリーンも必要です。とくに**リハビリなどで患者さんに寄り添わなければいけない職業の人は、グリーンの傾聴、共感の色が必要です。**

ところが、リハビリを担当する理学療法士や作業療法士の方は忙しく、時間に追われています。ゆっくり患者さんと話す時間がとれないため、あえて自分の中でグリーンが出ないようにシャットアウトしてしまっているのかもしれません。

介護の施設長の方の声診断をさせていただいたときも、グリーンが欠けていました。本来は共感力が必要な仕事ですし、だからこそ、このような仕事をしているはずです。でも、お話を聞いて、グリーンが欠けている理由がわかりました。

施設長さんは「ここ何十年も泣いたことがないですよ」とおっしゃいました。「泣かないでいるのは、しんどくないですか?」と聞くと、「いや、そうしないと、ここ(施設)にいられませんから」と。

施設長さんも、そこで働いているスタッフもいっぱいいっぱいだったのです。病院もそうかもしれませんが、人の死と関わる職業の方は、心を殺さないと冷静でいられないのでしょう。

つまり、人の死に接するたびにグリーンを出して共感していたら、つらくてしんどくて、職場にいられなくなる。だから、グリーンを閉ざして職場に出ていたのです。

そこで私は「泣く」ことをおすすめしました。心を殺してグリーンを閉ざすのではなく、思いっきり泣くのです。施設長さんは『フランダースの犬』を見て、思いっきり泣いたとおっしゃっていました。

グリーン不足の人は、ぜひ自分が感動する映画や音楽を聞いて、思いっきり泣いてみてください。

その後、泣くことを思い出した施設長さんは、お世話をした方が亡くなるたびに「泣いてもいいんだ」と思えるようになり、職場でも泣けるようになりました。

「ハートがオープンになって泣ける自分と、人生最後の何日間でも一緒に過ごせることが、亡くなっていく方へのいちばんの供養になると気づきました」とおっしゃっていました。

教師

学校の先生も、本来は子どもたちを愛し、受容するマゼンタと、余裕を意味するグリーンがないと務まらない仕事です。

教師になる方は真面目な人が多いので、教師になる前は、みなさん希望を持って子どもに接しようと思っていたはずです。ところが実際には業務に追われて、子どもを受容する余裕がなくなってきます。余裕がないのでグリーンも欠けてきます。

セッションでいらっしゃった教師の方に、「先生は子どもたちにどうなってほしいですか」と聞くと、一人残らず「子どもたち一人ひとりに幸せになってほしい」とおっしゃいます。

教師になる人はみんな、こんな素敵な思いを持っているのに、学校という現場に入った途端にやるべきことが増え、さまざまな人間関係が絡み、その思いを忘れてしまうのです。

余裕がなくて受容できなくなるから、「ダメな子をできるようにする」という方向に行ってしまうのです。保護者の方もさまざまな価値観があり、要望を聞いているとキリがなく、余計に仕事が増え、業務が複雑になるとおっしゃっていました。

真面目な方ほどブルー・ネイビーが強くなっています。ブルーは「ちゃんとしなければならない」、ネイビーは「ダメなところを見つける」という色ですから、教師に必要な色ではあります。でも、強すぎるとマニュアルや校則にはめ込もうとしてしまいます。

子どもに寄り添うことより、学校の教育方針や業務をこなすことが優先され、マゼンタとグリーンは減る一方。ストレスをためてしまうのです。

新型コロナウイルス感染症の流行以降、不登校が増えたといわれています。給食も黙食になるなど、生徒と教師の会話の量も減りました。

もし、子どもと関わる先生の声がフルサウンドヴォイスだったら、不登校は減るのではないかと、私は真剣に思っています。

学校に一人でもいいからフルサウンドヴォイスの先生がいれば、子どもが言えない真の原因をくみとり、子どもの負の部分をも受容し、子どもの声をフルサウンドにすることで、子どもたちが人間関係のブロックを乗り越えることができるのではないかと思っています。

実際、フルサウンドヴォイスまではいかなくても、グリーンの共感の声が出るようになった先生に聞くと、子どもに何か問題があったとき、子どもの態度やモンスターペアレンツへの対応も変わってきたという声や、発達障害のお子さんを見ている特別支援学級の先生は、**イライラした声を出さずにマゼンタの愛の声を出すように意識し**

たところ、生徒が素直に反応するようになったという体験も上がっています。

発達障害のお子さんのなかには、聴覚過敏のお子さんも多いので、先生の声が変わるとお子さんにも伝わるのでしょう。

大人の側が穏やかな心、穏やかな声で接する習慣を身につけることによって、教育の場においてもっと可能性が広がると思っています。

エステティシャン

エステティシャンや美容師さんは、一対一で接する職業でもあり、交わす言葉も、声の交流も多いものです。

私のところに相談に来られたエステティシャンの方がいました。

本人がとても困っていたのが、商品を売り込まないといけないということでした。楽しく世間話をしてお客様と仲良くなるのは得意なのですが、仕事上、高額のエステのチケットを買ってもらわないといけない。エステの仕事が好きでも、それがつらくて辞めてしまう人もいます。

でも、つらくなるのは「買わせる」と思うからなんです。本当に自分の施術がお客様のためになっていて、お客様に心からよかれと思う気持ちから声を発することができるようになったら、なんとお客様のほうから「これ、10回券とかありますか」と聞かれるようになるのです。

この方は、自分に自信がなく、イエロー・ライムグリーンが足りませんでした。カリスマ力・影響力を表す色です。自信がなければ、自分の腕を売り込むこともできません。まして、チケットを買わせようなんてこともできないわけです。

とくにイエローは空っぽで、「自分が何者かわからない」という状態。あらゆる占いを行脚《あんぎゃ》して、自分探しをしていました。幼少期の話からひもといていくと、その方は「自分はいいや」と譲ってしまう傾向がありました。

だから、人に何かを施すときに無理が生じてしまいます。**イエローを出すには、まず楽しむことが大切です。**自分をどう売り込もうかと考える前に、「自分自身が楽しんでください」とお伝えしました。

自分のことはさておき、というタイプだったので、そもそも自分の内側と向き合う時間もなかったので「私は何が好きなんだろう」「私の趣味は何だろう」と徹底的に向き合ってもらいました。

すると、「そうだ、やっぱり私は美容が好きなんだ。だから、この仕事を選んだんだ」ということを改めてはっきりと自覚できたのです。

美容が好きなのに、お客様に高額な商品をすすめる一方で、自分の美容はおろそかにしていました。お客様には高額な美容製品をすすめるのに、自分は遠慮して買わないようにしていたことに気づき、もっといろいろな方面で美の追求をしていきたいという気持ちが沸き上がってきました。

そこから、「自分にごほうび」だといろいろな美容を試し始めました。日本だけでなく大好きな韓国に行ってコスメを買うなど、今まで我慢していたことを自分にやらせてあげたのです。そうしたら、いろいろな気づきが得られました。

たとえば、「日本でこれを買うと高額だけど、韓国だったらこんなに安く買えるじゃない」「こっちの商品のほうがいいと思ったけど、百均で十分だわ」などなど。高額クリームはいらない、素が一番、美の本質を探求していくことによって本当の美がどんなものなのかもだんだんとわかってきました。

自分がただ好きだった美容。ただきれいになりたいと純粋に望んでいた頃の自分。そんな感覚を思い出すことができ、楽しんで集めたそんな情報を、惜しみなく施術中にお客様に話すようになりました。もちろん、チケットを買わせることにつながるとは思わず、ただお得な話として伝えていたのです。

ところが、そんな情報を提供し始めてから、お客様と信頼関係が生まれました。そして、「あなたに施術してもらいたい」と指名されるようになり、指名料がついただけでなく、「あなたの10回チケットを買います」というお客様まで出るようになりました。

今では、なかなか予約がとりづらい売れっ子エステティシャンになっています。自分の問題を解決することが、売り上げにつながったのです。

クレーム対応の上手い人×下手な人の声の特徴

プロローグで、コールセンターでクレームがついてしまうオペレーターのお話をしました。

クレームがついてしまうオペレーターの共通点は、グリーンが欠けていること、つまり、「傾聴」できていないことでした。「次に何を話そうか」と頭で考えながら話すので、相手の話を聞いているようで聞いていないのが、しっかり聞き手に伝わってしまうのです。

相手が言ったことをいったん受け取ってから自分の話をするなど、あらためて傾聴のトレーニングをしてグリーンが出るようになることで、聞き手は「話を聞いてもらえている」と感じるようになります。

相手のクレームを傾聴してからの「申し訳ございません」と、ただ言葉として発す

るだけの「申し訳ございません」ではまったく印象が違います。オペレーターの心理状態で、声まで変わってしまいます。

本当に怖いですが、声は自分で思っている以上に、相手に〝もろわかり〟なんです。どんなにつくろっても、嘘はつけません。

オペレーターの話し方のマニュアル通りに話したとしても、クッション言葉で「大変恐縮ですが」なんてつけても、声がダメだと……残念ながらダメなのです。

グリーンの共感の声が出せるようになってよかったね、と言いたいところなのですが、実はもうひと声必要です。グリーンが出せるようになるとたしかにクレームは減り、ある程度は改善するのですが、それは基本中の基本。小クレームが大クレームにならないで済む、といったところでしょうか。

実際、クレームが多いオペレーターの波形をとると、それぞれにどこかに波形が偏っていました。

たとえば**レッドが欠けている人は、エネルギー不足**のため、「コールセンターの仕事って、疲れますよね」などと言います。

ブルーやネイビーが欠けている人は伝達力が足りず、融通が利かないため、自分で応えられず、「ちょっと上に確認します」などと言いがち。クレームの電話をかけている方に、「急いでいるのに機転が利かない」「使えない」と思われてしまいます。こうなってくると、いくらグリーンを出して共感・傾聴をして、「それは大変でしたね。少々お待ちいただけますでしょうか」などと丁寧に対応しても、「早くしろよ！」なんて言われちゃうのです。

波形が偏っている人ほど、特徴がある声をしています。特徴的な声のほうがいいと言う人もいるかもしれませんが、好き嫌いが分かれやすいでしょう。

では、クレームが出ない人の声の波形の特徴はあるのでしょうか。

もちろん、フルサウンドヴォイスであることに越したことはありませんが、クレームが出ない人の波形を見させていただくと、フルサウンドヴォイスまでは行かなくとも、波形がいびつな形になっていない、円形に近くなっています。**円に近ければ近いほど、調和がとれている**ということになります。

人間関係（職場・夫婦・親子等）がうまくいく人×いかない人の声の特徴

●人間関係が悪くなる色ワースト3

ほとんどの人の悩みの根本に、人間関係があります。

職場の上司や同僚、夫婦、親子関係など具体的なエピソードを紹介する前に、**人間関係が最悪になるワースト3の色**を紹介しましょう。

ただし、誤解のないようにお伝えすると、その色があるから人間関係が悪くなる、その色がある人はいけない、という意味ではありません。その色一色しかないという人はまずいませんし、フルサウンドヴォイスにはすべての色が必要であり、大切なのはバランスです。

あくまでも、「その色が多い人は人間関係に悩む傾向がある」という意味だととらえてください。

声のバランスは毎日のように変わります。本書でトレーニングをしていただくことで足りない色が出るようになると、自然にバランスがとれてきますので安心してくださいね。

1位ネイビー（が多い）、2位ブルー（が多い）、3位ライムグリーン（が少ない）です。

1位のネイビーは、「考えすぎ」の人に多い色です。

相手が言ったことに対して素直に受け取れなかったり、いろいろと詮索や邪推をしてしまったりする傾向があります。

ネイビーが多い人は、プライドが高い人が多いのです。それだけならいいのですが、人間関係において、言い訳をしてしまう傾向があります。

たとえば、「私、人間関係が苦手なので」「人見知りなので」「発達障害の傾向があるので」など、あらかじめ釘を刺すような人、いますよね。厳しいようですが、性格や病気を大義名分にして、人間関係が上手ではないことの言い訳にしているのです。

普通にものを言っているだけなのに「上から言われた」「指摘された」「茶々《ちゃちゃ》を入れられた」などと受け取ってしまうのも、このタイプの人に多いです。

また、物事を白か黒かでジャッジしたり、人を階級分けしたがる傾向もあります。自分が正しいと信じているために、自分の正義感で相手を正そうとして戦ってしまうこともあります。「この会社はおかしい、体制がおかしい」などと言って、会社を辞めてしまう人もこのタイプ。また、本音を見抜く分、素直に物事を受け取らなかったり、損得計算、効率化、コスパを考え、まずは結論が何かを求めるタイプです。

自分の思考について学び、思考をリセットする習慣を身につけるといいでしょう。


2位はブルーです。ブルーもネイビーに近いのですが、自分にルールがあり、こだわりが強い傾向があります。

「こうすべき」というものがあるので、人に対しても「これはこうしたほうがいい」「こうすべき」と自分の価値観を押しつけることもあります。もちろん、裏を返せば「ちゃんとしている人」「きちんとしている人」でもあるので、期限を守るなど、真面目にしっかりやるいい面もあります。

でも、その一方で融通が利かないので、たとえば夫婦でお茶碗《ちゃわん》の洗い方一つとってても「その洗い方ではダメ。私が洗う！」などと喧嘩《けんか》になったりします。

価値観の違いによる夫婦喧嘩や、しつけという名のもとに、「ああしろ、こうしろ」と親が子どもに「ねばならない」を押しつけることが多いのがブルーなのです。

ブルーの象徴としてわかりやすいのが先生と言われる職業です。また、市役所など官庁勤め、研究者や専門職などにも多いです。どれも、ちゃんとしていないと務まらない仕事ですし、「こうすべき」が多い仕事でもありますよね。

ブルーが多いと、価値観の違いで争ってしまうことも多いものです。政治家や大学の教授同士で権力争いをしたりするのはいい例ですね。

国と国が戦争をする理由も、実はブルーとネイビーによるもの。戦争は国と国との価値観の違いから生まれます。自国の利益になるように、戦略を練って戦うのです。その価値観の違いによる喧嘩が、職場や家庭でも起こっているといえるのです。

3位はライムグリーンです。この色だけは「多い」のではなく、「少ない」ことが理由になります。

ライムグリーンが少ないと、自分の存在価値が下がってしまいます。自己存在価値を下げているのは、ブルーやネイビーが強い人です。たとえば、「テストの点が悪いから、〇〇ができないから、お前はダメだ」などと言われてしまうと、ライムグリーンが少なくなり、自己存在価値が下がるのです。

自己存在価値が下がった人がやることといえば、人との比較競争です。人よりいい大学、いい会社に入って、年収のいい仕事に就くなどは典型的な例。勝ち組、負け組などと言って、人の命よりも数字を拠《よ》り所にして生きるようになってしまうのです。こうして、ネイビーやブルーとはまた違った意味での、人との戦いをするようになります。ライムグリーンの戦いは、言ってみれば「認められ競争」。

学校なら成績で評価されたい、仕事なら数字を上げること、役職に就くことで評価されたい、SNSなら「いいね！」の数やフォロワー数で評価されたい、有名人が使っている化粧品を使ってきれいだと言われたい……。いつも他人の目、他人からの評価で生きていることになります。だから、いつまでたっても自己存在価値が上がらないのです。**いじめられっ子もライムグリーンがへこんでいる傾向があります。**

●職場のパワハラ、セクハラがなくなった

同じ言葉をAさんが言っても大丈夫なのに、Bさんが言うとパワハラに感じるということもありますよね。

パワハラ、セクハラは言葉ではなく言い方であり、声に込められる波動なんです。波動が思考に反映され、思考が言葉になるので言葉の使い方が影響しているように思われますが、基となっているのは波動なのです。同じ言葉だとしても、波動が変われば伝わるニュアンスも変わってくるのです。

それは、今までは受け取る側の問題でした。でも、声が整ったら、相手に過剰な反応をされなくなります。たとえば、「きれいだね」と心からの褒め言葉をかけても、声が整っていないと「セクハラだわ。気持ち悪いおやじ！」と言われてしまいますが(笑)、声が整っていれば「ありがとうございます」とお礼を言われるのです。

声が整ったらパワハラ上司が消えた例もあります。

外資系に勤めている男性は、パワハラ上司に悩まされていました。数字がすべてなので、「いつまでにやるんだ？」「なんでできないんだ」と責めてきます。

パワハラ上司の多くは、声の波動がブルー・ネイビーです。要は「ねばならない」に縛られている人たちです。それまでの彼は、ブルー・ネイビー上司に対して、同じブルー・ネイビーで戦っていました。もしくは、言い返すこともできず、飲み込んでストレスをためていました。

数字というプレッシャーが、パワハラとなり自己否定に陥り、ライムグリーン（自己存在価値）がへこんでしまう人がほとんどです。

そこで、このままではいけないと声診断で学んだ彼は、作戦をとりました。名付けて「グリーン作戦」です。グリーンはハート、共感、傾聴です。グリーンの声の波動でハートを開いて、聞くに徹したのです。もっとわかりやすくいえば、何を言われても動じない、反応しないようにしました。これは無視することではありません。共感のハートでいられる訓練をしたのです。

売り上げについて責められても、「そうですね、おっしゃる通りです。数字ですよね。私も頑張っているのですが、結果が追いつかなくて申し訳ありません。どのようなアイデアがあるか、もしよかったらお聞かせいただけますか」と言ったのです。

すると、どうでしょう。上司は「そうだな。どうしたらいいか一緒に考えよう」と乗ってくるではありませんか。

また、別の上司は「それを自分で考えるのが仕事だろう」と言い放っていましたが、次第に面談の回数が減っていき、異動になって目の前からいなくなりました。

自分が出す声のエネルギーが変わると、相手がいなくなるという不思議な現象は、実はよく起こります。

ただし、自分がブルー・ネイビーのまま対抗している限り、上司は変わらなかったでしょう。ブルー・ネイビーを調和させるグリーンを出したからこそ、上司は改善し、そこにいられない場合は異動になるのです。

●婚活成功のカギを握る色は？

自分の声の波形が足りない色にひかれると、プロローグでお伝えしました。

ですが、そうなると、相手の色で自分にない色を補おうとするため、依存関係になりがちです。ですから、夫婦でフルサウンドヴォイスになりましょう、とおすすめしているのです。

余談ですが、婚活をやっているのに、なかなかうまくいかない人がいます。どんなにイケメンや美人であっても、年収などの条件がよくても、なぜかうまくいかない。こういった人の声の波形の特徴は、どこかの色が足りないのです。なかでも婚活にとってネックになっているのはグリーンとオレンジ不足です。

グリーンが足りない人は、コミュニケーションにおいて、どこか相手に壁があります。だから、口では「結婚したい」と言いながら、お付き合いしてもどうしても最終的に相手と深く関わることを避けているのです。お互いを深く理解するよりも先に、信じきれないということが壁となっているのです。

オレンジ不足の人は、感情を抑えてしまう傾向があります。結婚って、勢いですよね。だからオレンジが足りない人は結婚に踏み込めないのです。人によっては、「いいか、この人で。年収高いし」みたいな、冷めたお付き合いになりがちです。感情が苦手で感情に巻き込まれることに恐れがあるのかもしれません。

男性でオレンジが足りないと、自分からプロポーズすることができません。「向こうから言ってくれれば結婚してもいいけど」みたいなタイプ、結婚相談所に多いそうです（笑）。このような人は感情ではなく、頭が働いてしまう、ブルー・ネイビーが多いタイプです。

夫婦仲の修復で離婚が回避できた

プロローグで、売り上げが伸びないコールセンターで、オペレーターのプライベートの悩みを解決したら、会社の売り上げが上がったお話をしましたね。

そのときの話です。オペレーターの女性の一人が「夫と離婚したい」と悩んでいました。離婚を想定して経済的に自立しようと、オペレーターの仕事を始めたのです。離婚の理由は、夫の浮気や借金。

彼女の声の波形を見ると、オレンジ・ゴールドが最も足りませんでした。**オレンジ・ゴールドは自立や軸、信念に関係する色です。**つまり、自分の軸というものがなかったのです。**軸があれば自分で立つことができます。なければ、誰かにすがりついて生きていかなければなりません。**

でもそのすがりつきたい対象が、浮気と借金の夫では不安しかないですよね。

彼女は「夫はもう変えられないから、別れるしかない」と思っていたようです。私は、「今のあなたの状態のまま別れても、あなたが変わらなければ、また同じような男性をつかみますよ」と言いました。夫と別れようと、軸がない今の状態のパターンが延々と続くだけ。どうせ別れるつもりなら、もう夫に怒るのはやめて、自立した自分に変わってから別れましょう、と。

そこから少しずつ、夫がいなくてもいいように変わっていきました。

彼女の口癖は「夫が◯◯してくれない」でした。「ゴミ捨てさえしてくれないところが嫌」だと。ならば、離婚した後の練習と思って、もう夫のことは放っておいて、自分で何でもやりましょう、と言ってオレンジ・ゴールドを出すトレーニング方法を伝授して1回目のセッションは終了。

そして1カ月後。「ダンナが変わりました」と彼女。「ゴミを捨てて」と言わなくても、自分から捨てるようになったと言うのです。しかも、夫のほうから「ごめんね」とか「やってくれてありがとう」という言葉が初めて出てきたそうです。すごい進歩でびっくりですよね。

次に彼女に足りなかったのはイエロー・ライムグリーンでした。自己肯定感に関する課題です。

自己受容できるようにするために、今度は夫に与える練習です。「まずはどんな小さなことでもいいので、ご主人に『ありがとう』と言いましょう」と伝えました。そして2回目のセッションは終了。

さらに1カ月後に聞くと、今度は「ダンナが『悪かった』と、これまでのことを謝ってきました」と言うではありませんか。

そして3カ月後、最後のセッションで、なんと彼女が「離婚まではしなくていいかな」と言うのです。夫が変わったことで「考えてみたら、家賃も払ってくれて、そのおかげで住む家もあるし。前ほど嫌な気持ちもなくなったから、離婚はしなくてもいいです」と。

それだけではありません。プロローグでも触れたように、悩みが解決したことで、オペレーターとしても売り上げを上げるようになったのです。

なぜ悩みがなくなると売り上げまで上がるのか。その理由を知りたくて、もう一度コールセンターに行きました。そこで確信しました。

それまでは、嫌な対応をするお客様に対して、夫に対するものと同じ怒りや嫌悪感が出ていたのです。それが夫に対する怒りや嫌悪感がなくなり、感謝の気持ちが湧いてきた分、お客様に対しても「お忙しいところ恐れ入ります」と、口先だけでなく心から言えるように。たとえお客様に嫌な対応をされても、感情の処理ができるようになりました。

そのときの彼女の声は、だんだんとフルサウンドヴォイスに近づいていたと思います。「今少しだけお時間よろしいでしょうか。新商品のご案内です」こんな問いかけにも、声のエネルギーが変わったので、言われたほうは「少しだけ話を聞いてみようか」という気になるのです。

その後、夫との関係は少しずつ改善に向かい、ずっと避けてきた夫の実家にも行けるようになるなど、少しずつ和解し始めているようです。

●いじめっ子が変わった

声でいじめっ子が変わってしまったケースもあります。

「いじめられないようになるには、どうしたらいいですか」

声診断に来たのは、いじめられているほうの小学校4年生の男の子と、そのお母さんでした。上着を隠されたり、カードゲームの仲間に入れてもらえなかったり、心ない言葉を浴びせられたりしているということでした。どんな解決策があるのか私には想像もつきませんでしたが、すべての答えは声にあるということで、男の子の波形を見てみました。するとマゼンタが欠けていました。マゼンタは「愛」という意味がありますが、愛がないのは、いじめっ子のほうではないかと思いました。

「マゼンタがないときは、どうしたらいいですか」とお母さんに聞かれたので、「相手の幸せを願うことですよ」とお話ししました。

そして男の子に、**嫌なことを言われたりされたりすると、シュンとしてしまうかもしれないけど、そんなときの魔法の方法を伝えますね。その方法とは、「そのいじめっ子に、『○○君が幸せになりますように』って願うんだよ」**と伝えたら、素直に「はーい」と応えてくれました。お母さんのほうが心配して、「そんなこと、できるの？大丈夫なの？」とおっしゃっていたくらいです。

1週間後、お母さんから電話がありました。「先生、ありがとうございます。今、

青春
第131回「ニガテな人
そんなに数学キライ？
おつりの計算ははやいのね
へェ～
小銭でサイフがふくらむと
シャキ
怖すぎる!!

いじめていた子がうちに遊びに来ているんです」と。

いじめなくなったどころか、一緒に遊んでいるんです。やっぱり、声の力ってすごい、と思った瞬間です。

つまり、○○君の幸せを願う行為が、マゼンタの周波数なのです。その周波数を自分から量産すると、不思議なことに相手も同じように変わっていきます。

いじめる子のほうも、愛を渇望しているからいじめるというところがあります。それがいじめっ子にもマゼンタが出るようになると、「一緒に遊びたいな」という気持ちに変わるのです。

この子のケースがたまたまそうだったわけではありません。

声診断には不登校のお子さんも来ますが、「マゼンタ」が足りない子がいると、同じように誰かの幸せを願うことをやっていただきます。

これまで小学生の不登校の4、5例のケースで、毎日ではないけれど学校に行くようになったり、転校を余儀なくされたけれど新しい学校で友だちに恵まれているなどの例があります。

家族の一人ひとりが、ダメ出しの戦いの周波数を卒業して、お互いを認める、ゆるす、感謝するという周波数を増やしていくことで起きている現象も自然と変わっていってしまうのです。

プロゴルファーのタイガー・ウッズの有名な話があります。

ある大きなトーナメントで優勝をかけて争っていた最終ホールのグリーン上でのこと。対戦相手が、このパットを外したらウッズの優勝が決まるというシーンでした。当然、「相手のパットが外れてくれれば」と思うところです。

ところがタイガー・ウッズは違います。相手がパットを打つときに「入れろ、絶対に入れろ」と強く願っていたというのです。結果、対戦相手はパットを外してしまい、ウッズの優勝が決まるのですが、外したとき、ウッズはとても悔しそうな顔をしていたそうです。

彼がこれまでに挙げた数々の勝利は、努力や実力はもちろんですが、こんなふうに人のために愛のエネルギーをかけることができる思考パターンも大きく影響していたのではないでしょうか。

人の幸せを願うという周波数を増産させることの効果は計り知れません。そして、それが出ているかどうかは、声診断ソフトで確認することができるのです。

子どもが自分から勉強するようになり成績アップ

ある有名中学受験塾で、親子の声診断をやらせていただいたことがあります。

お母さんの悩みは、「うちの子、受験が近いのに模擬テストの成績がどんどん落ちてきているんです。何が悪いのか見てください」というものでした。

お子さんの声を調べたら、グリーンが欠けていました。グリーンはハートです。理由がわからず、さらに調べることにしました。

声診断では、ストレストーンといって、嫌だったことを思い出して、最も不快な声を出してもらうことをします。その子にもストレストーンを出してもらったところ、「あーー」と声を出しながら、その子が泣いてしまったのです。

ストレストーンを診断すると、「否定されたり、上から何か言われるのが嫌だ」という波形でした。その子は泣きながら「ママがね、勉強しろって言ったときのことを思い出したの」と言います。

「受験勉強する前はママのことが大好きだったんだけど、勉強するようになってからママのことが嫌いになりそうで……」とその子は泣きながらポツポツ話し始めました。

「だからハートを隠しているのかな？」「うん」

お母さんは隣でいたたまれない表情です。

グリーンが欠けているのにはいろいろな理由がありますが、ハートを閉じているときもグリーンが出なくなります。

なぜ、ハートを閉じたのでしょうか。それは、これ以上、**お母さんが「勉強しろ」とガミガミ言うのを聞いていたら、お母さんのことを嫌いになってしまうから、ハートを閉じて自分の心を守っていた**のですね。

「そんなつもりじゃなかったの。ごめんね」とお母さんも猛反省。一切ガミガミ言わなくなりました。そして、その子のハートを開く音楽のお薬を処方して日々リラックスして過ごすようにアドバイスをしました。

1カ月後、お母さんから、

「おかげさまで、今勉強を頑張っていて、模擬テストの点数も成績も伸びています」

と喜びの電話をいただきました。

うつになる人×ならない人の声の特徴

うつ症状がある人の声の波形には、まずブルー・ネイビーが強く出ています。というよりも、ブルー・ネイビーしかなく、ほかの色がまったくない人がほとんどです。**ブルー・ネイビーがある人は自分に対してジャッジをする傾向があります。**要は、自分で自分にダメ出しをしてしまうのです。常に物事を分析したり、考えすぎてしまうところがあるので、エネルギー切れも起こしてしまいます。脳をパソコンにたとえると、電源が入れっぱなしの状態。うつは脳疲労なのです。

また、思考が過去や未来に行きがちです。「どうしてあんなことをしてしまったんだろう」「あのとき、こうしていれば」という過去への反省と後悔、そして、これから「こうなったらどうしよう」という未来への不安と心配。その思考を「今」に持ってくる練習をする必要があります。

意識を「今」にもってくるのは大変と思われがちですが、声を使えば意外と簡単です。

このあと本書でご紹介するトーニングという発声方法があります。**声を出すことで声に意識が向き、「今」にいることができる**のです。

うつの人にとって、自分の声を出すことがいちばんの特効薬。自分の声には薬のような副作用もありませんから、安心です。うつの方の多くが、自分の声を嫌います。でも自分の声を自分で聞くことで、自己受容することができるのです。

ブルー・ネイビーしか出ていなくても大丈夫。自分の声を出すことで、自分の声の周波数の足りないところを穴埋めしてくれます。ということは、12色全部そろう、フルサウンドヴォイスに導いてくれるということ。

みなさん「うつ」を病気ととらえ、「治す」とか「改善する」ものと思っていますが、本当は本来の自分に戻るだけ。

自分の周波数が整い、バランスのいい状態が本当の自分です。熱が上がったら下がる、傷ができたら治る。体に自然治癒力があるように、声を整えることで声のセンサーも「あっ、レッドが出てない」「オレンジが出てない」と、自ら察知してバランスをとる力があるのです。

たった1カ月でうつの薬が不要に

うつ症状で声診断にいらっしゃったITエンジニアの30代の男性の話です。波形を見ると案の定、ブルー・ネイビーしかありませんでした。うつの方は頭がいいだけに疑い深く、なかなか信じていただけないのですが、波形としてはっきりと視覚でお見せすると、曇りが晴れたように表情が変わり、納得してくれる人が多いのです。

そして、散歩をしたり、ストレッチをしたり、体を動かすことをおすすめしました。それまで医師に運動をすすめられても気が進まなかったようですが、「今の自分には体を動かすことが必要」だと納得したことで、行動に移してくれました。それから1週間後、改めて声診断をしてみると、別人のようにバランスのいい波形に変わっていました。

体を動かすと全身が温かくなる、すると自分のなかから希望のようなものが湧いてくる。この状態をキープすればいいのだ、と実感されたようです。こうして自分で自分の習慣を整えていったところ、1カ月くらいで薬がいらない状態になりました。

成功を手に入れる声「フルサウンドヴォイス」になる！

フルサウンドヴォイスとは、1オクターブに含まれる長音と短音を合わせた12音すべてがバランスよく鳴り響いている状態です。これを声の波形のグラフで見ると、12色きれいに出そろっています。

フルサウンドヴォイスになると、常にバランスが整った声で話すことができます。そうなると、誰に対しても裏表なく話すことができるのです。

私たち人間は通常、無意識に相手や場所によって声を変えながらバランスをとっている生き物です。たとえば同じ上司でも、Aさんと話しているときとBさんと話しているときでは、微妙に波形が違うのです。

でも、それでは、ある人とはうまくいくけれど、ある人とはうまくいかない状態ができてしまいます。コミュニケーションにムラができてしまうのです。

営業職なら、取引先によってムラができることになりますし、親子、夫婦、恋愛などプライベートや、健康やお金についても同じです。このムラがないのが、フルサウンドヴォイスでもあるのです。

もっとわかりやすく言えば、たとえばパワハラ上司は、攻撃的な声の周波数で話しています。それを受けたほうは、とてもではありませんが、平和な気持ちにはなりませんよね。目の前には、殺伐とした世界が広がるでしょう。

つまり、出している声の周波数と同じ現象が目の前で起こっているわけです。だから、言葉や話し方ではなく、声の周波数を変えることが大事なのです。

逆に、「なんで私はこんなにきつい言い方しかできないんだろう」と悩んでいるパワハラ上司がいたとします。波形をとると偏っていて、自分を愛せていなかったことが原因で、きつい周波数を出していたことがわかりました。

そして波形が整っていくと、「最近、部下に『何かいいことありました？』って聞かれるんですよ。彼氏でもできたのかって」などと言われるようになります。自分の心の癖に気づいたら、声の出し方が変わり、周波数も変わり、本当に彼氏ができたりするのです。

彼氏いない歴がウン十年の人が、素敵な彼氏と出会えたりして……。今まで攻撃の周波数を出していたから、男性が近づきたくても近づけなかった。本人も「えっ、私の声が遠ざけてたの？」みたいなことが、本当に起こるんです（笑）。

プロローグのエピソードでお話しした、売り上げが1117倍になった男性は、今ではフルサウンドヴォイスになっていますが、声は毎日変化するので、この後Part2でご紹介する、**3分間でできる簡単なヴォイストレーニングを毎日続けています。大事な商談の前にも3分行うことで、自分でもわからないうちに売り上げが上がってしまう**と言います。

人を魅了し、癒やす声。それがフルサウンドヴォイスであることは間違いありませんが、フルサウンドヴォイスはその次元を超えています。ひと言でいえば、成功を手に入れられる声なのです。

フルサウンドヴォイスで話すと、

●伝えようとしなくても自然に伝わる

●言葉の表現自体が足りなくても、相手が勝手に受け取ってくれる
●あなたの声を通じて相手が何かに気づき、現実にあった課題が解決してしまう

などという不思議な現象が起きてくるのです。

どういうことかというと、バランスのいい全音階そろったフルサウンドヴォイスで話していると、**自分が整うだけでなく、相手も共振共鳴し、整っていく**からです。そうなると、相手もあなたの話を、声を、もっと聞きたくなります。**相手が聞きたくなる声は、相手に伝わる声**でもあります。

たとえば、あなたがレッド・コーラルとオレンジ・ゴールドしか出ていなかったら、その色が響く人にしか届きません。それが全色、全音階が出れば、すべての人に届く周波数を持つ万能声になるのです。その結果、仕事や恋愛、人間関係もうまくいき、成功していきます。

人は誰でもフルサウンドヴォイスで話すことができます。

ここまでお話ししても、まだよく理解できない方も多いでしょう。

このあと、Ｐａｒｔ２ではすぐに実践できるヴォイストレーニングをご紹介していきます。

毎日少しずつ行って自分の「声」をいつでもフルサウンドヴォイスが出せる状態に調律していくことで、本当の成功に導かれていきます。

さあ、あなたも声の波形を広げて、自分の可能性を広げていきましょう！

Part 2

自分の声の変化がハッキリわかる！
3分間ヴォイストレーニング

3分で声を整える習慣！
自分の声の波形をチェック

声は、たった3分で整えることができます。

そのトレーニング方法はこのあとご紹介しますが、大切なのは、できるだけ毎日続けること。

なぜなら、声の波形はその日の心の状態、体の状態などによって変わるからです。「昨日はこの色が足りなかったけれど、今日はこの色が足りない」ということは当たり前のようにあります。

ですから、「自分はこの色が出ているから大丈夫」ということではありません。大丈夫だと慢心した瞬間、バランスが崩れてしまいます。フルサウンドヴォイスが出るようになっても、それが再現できること、連続して出せることが大事です。だから毎日チェック！　なのです。

〝やっている〟人は必ず結果が出ます。

大切な商談の前、プレゼンの前、リモート会議の前、デートの前。ここぞという日にはぜひやってみてください。

トレーニングをしたら、実際に声診断ソフトを使って、自分の声の波形をチェックしてみましょう。

本書の読者のみなさんに特典として用意した声診断ソフトを使えば、簡単に声診断ができます。

今までのヴォイストレーニングだったら、声の習慣を変えるのはたしかに大変でしょう。何十年もの間ずっと意識することもなかった自分の声の出し方や、発しているエネルギーを変えるなんて、普通は無理です。無意識に自分の声の癖や習慣が染みついているので、気をゆるめたらすぐに元に戻ってしまうかもしれません。

でも、そんな心配も不要です。なぜなら、声診断ソフトという、指標となるものがあるのですから。どんなに自分で「いい声になった」と思っても、本当にそうなっているかどうか、プロでも確かめることはなかなか難しいもの。トレーニングしても、その成果を目で見ることは、通常はできません。声診断なら、それができるのです。

ずれては戻す、ずれては戻すを繰り返す。その指標となるのが、声診断です。そうしていくうちにいつの間にか、フルサウンドヴォイスに近づいていきます。

毎日チェックすることが大切なのは、理想の声を習慣化するためですが、もう一つ理由があります。

フルサウンドヴォイスに近づくためには、〝自分の声の波形と向き合う〟ことが大切です。

ダイエットにたとえるとわかりやすいのですが、毎日体重計に乗って自分の体重という数字と向き合っている人は、ダイエットが成功しやすいと言われていますよね。「体重計に乗りたくない」「自分の体重を知りたくない」という人がいますが、それは現実を知るのが怖いんですね。

「自分の声が嫌い」な人はとくに、声診断によって「自分の声の波形が偏っているのを知るのが怖い」「私の声が悪いと言われているみたいで嫌」など、声の波形を見たくない傾向があります。自分の声の状態、ひいては心の状態がわかるのが嫌なのかもしれません。

でも、体重という数字と向き合い、受け入れることでダイエットの道がスタートするのと同じように、自分の声の波形と向き合うことができれば、もう声は変わり始めているのです。

●声診断ソフトの使い方

1 スマホで巻末のQRコードを読み取ります（LINEお友だち登録していただきます）。

2 送られてくるURLを開き、画面の指示にしたがって進みます。

3 画面に向かって10秒話して、声の波形を取ります（ヘッドマイクをつけたほうが、より正確に診断できます）。

声の波形は、円グラフとして表示されます。グラフを見ると、強く表示されている色と、あまり出ていない色があると思います。なかには、まったく表示されない色もあるかもしれません。

強く表示されている色が、あなたの得意な領域です。あまり表示されていない色、またはまったく出ない色は、あなたの苦手な領域を表しています。

声診断ソフトを使えば、「今日の自分に足りない色」が何かもわかります。それによって自分の心の状態を知り、調整することができます。足りない色別の対策は、このあとに紹介します。全色共通のトレーニングや、足りない色のトレーニングをして、声を整えましょう。

職場に行く前、家に帰る前。たった3分、声を整えてから人に会うだけで、そこから起こる物語が変わってきますよ。

ヴォトレの新常識!「お腹から声を出す」の間違い

ヴォイストレーニングと聞くと、どんなトレーニングを想像しますか。

多くの人が想像するのが、「お腹から声を出す」とか、「あ、え、い、う、え、お、あ、お……」などの発声練習を想像するのではないでしょうか。

頑張ってお腹から声を出せば、大きな声は出せるでしょう。でも、聞いている側からすると、そういう声って、何時間も聞いていられないものです。なぜか、「いい話なんだけど、聞いていると疲れる」声なのです。

私も「いい声を出すには腹筋を鍛え、腹から声を出す」と思い込み、頑張って腹筋を鍛えていた時期がありました。そのほうが高音も出せるし、声のボリュームも大きくなるし、声の勢いや声量で人を魅了する話し方がいいと思っていたのです。

でも、ある時期から、普通に話したり歌ったりすることができなくなってしまいました。それと同時に、プロとして話す仕事にも限界を感じてしまい、声の世界から遠ざかってしまったのです。声の世界に疲れてしまったのですね。

実は、声を出すにはお腹を意識したらダメなのです。意識するのは、軟口蓋（ソフトパレット）だけでOK（軟口蓋について詳しくは、次の項目でお伝えします）。

好印象の声を出したい、声が小さい、声が低い、話し方が悪い、緊張しないで声を出したい、もっと想いが伝わる話し方がしたい。プレゼンで上手に話したい……声に関する悩みはたくさんあります。

その悩みの一つひとつに対処するテクニックはたしかにあります。一生懸命トレーニングすれば、いわゆる〝いい声〟が出せるようになったり、説得力のある話し方ができるようになったりするかもしれません。

でも、残念ながら今までのトレーニングは、一時しのぎのものばかり。

それは、自分に足りないものを、応急処置として訓練して出そうとしているものだからです。このようなヴォイトレで頑張りすぎてしまうと、かえって声帯を痛めて、ナチュラルに話せなくなってしまうこともあります。

私も過去にこういったトレーニングをたくさん受けてきましたが、今わかるのは小手先のテクニックでは本当の自分の声は出せないということ。

自分で意識的にいい声を出そうと思ったり、うまく話そうと思ったりすると、無意識に相手を操作する声の出し方になってしまいます。

相手を操作する声は、「ほら、いい声でしょ」「聞いて、聞いて」「私の声(私の存在)、認めて」というような相手からの承認を求めたり、相手を操作しよう、コントロールしようというエネルギーを発しています。人は誰かに操作されたり、コントロールされたりしたくないもの。

だから、つくられた声、頑張りすぎた声を聞くと人は疲れ、かえって嫌な印象を受けてしまうのです。私がこれまでのヴォイストレーニングに疲れ、声の世界から一時的に遠ざかっていたのも、これが大きな理由だったのだと、今ならはっきりとわかります。

それに対してフルサウンドヴォイスのトレーニングでは、声量、声色《こわいろ》、表現力や話し方などはいっさい意識しません。

そうした枝葉の部分ではなく、幹にアプローチするからです。

声を整えることは、自分を調律することです。

これからご紹介するヴォイストレーニングは、声を使って心を整えるトレーニングでもあります。常に「本当の自分の声」で発声ができるので、疲れることもありません。

これまでさまざまなヴォイストレーニングをしてきた方は、これまでつくり上げてきた発声法の概念をすべて手放すつもりで取り組んでみてください。

軟口蓋を開ければ声質が劇的によくなる理由

楽器は振動体と共鳴器で鳴るようにできているとご紹介しました。他の楽器にはなく、人間にだけ存在するもの、それがプロローグで触れた「ソフトパレット」です。日本語では軟口蓋と言います。

舌で口の中をたどると、歯の裏側に硬い部分があります。ここをハードパレット(硬口蓋)といいます。ソフトパレット(軟口蓋)は、そこからさらに喉の奥に行き、舌が届かないやわらかい部分にあります。

音色はソフトパレットでつくられます。

振動体である声帯が音を発声させ、ソフトパレットの形によって音が共鳴する箇所が変わり、声の質になっていきます。ソフトパレットが声の音色をつくるうえで鍵となるのです。

言葉の子音は口の前方で発声されますが、「あ、い、う、え、お」の母音《ぼいん》が形成されるのがソフトパレットの形によるものです。

日本語は外国語に比べて母音が多いといわれています。

母音が多いとソフトパレットが鍛えられるような気がしますが、実は日本人はソフトパレットの使い方が外国人に比べて上手ではなく、ソフトパレットも狭い傾向があります。

フルサウンドヴォイスに近づくには、ソフトパレットがゆるみ、開く必要があるのですが、日本語はその時点で、少し損をしているのです。

日本語に比べて子音《しいん》を多く使う外国語は、空気をたくさん吸うため、日頃から肺の筋肉が鍛えられ、取り込む空気の量も日本人より多い傾向があります。すると声も厚くなり、リラックスして包まれるような声質になります。ですから、日本人に比べて、フルサウンドヴォイスに近づきやすいといえるかもしれません。

よくヴォイストレーニングで「喉を開いて」と言われることがありますが、これは「ソフトパレットを開いて」という意味です。

いきなり「ソフトパレットを開いて」と言われても難しいものです。なぜなら、ソ

ソフトパレット(軟口蓋)の開いている状態と閉じている状態の違い

ソフトパレット(軟口蓋)とは

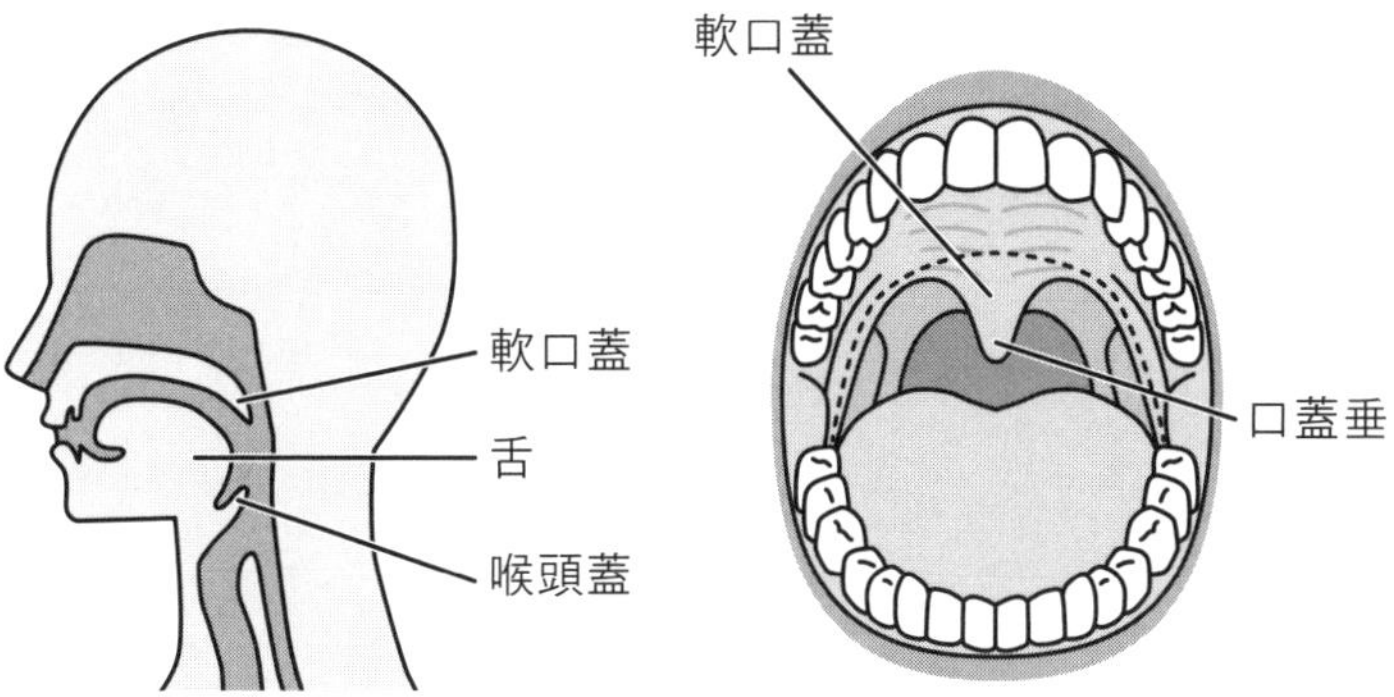

人間という楽器は、
ソフトパレットの形によって音色が変わります。
ソフトパレットの開き具合が、
音の音色に影響しています。
ソフトパレットが狭いとキンキンした声になったり、
前方に声が出るフォワードプロダクションという
攻撃的な声の音色になってしまいます。
詳しくはこちらの動画をご覧ください。

フトパレットは、緊張していると開かないからです。メンタルがギュッとなって緊張していると、空気も入りづらくなります。空気が入りづらいと、今度はソフトパレットをつぶすことで声を出そうとします。そうすると、大きな声が出ているようで、実は硬くて鋭利な声になってしまうのです。空気がたくさん入るとソフトパレットが上がって丸く開き、リラックスした声になります。

長時間話したり歌ったりすると喉が痛くなるのは、ソフトパレットがつぶれているから。専門的に説明すると、ソフトパレットが下がることによって、結果的に声帯が痛むのです。

ですから、ソフトパレットがつぶれていると、優しい言葉をかけたくても不思議とかけられなくなります。「ありがとう」という声かけひとつでも、優しさが伝わらない「ありがとう」になってしまうのです。

軟口蓋がまんまるに開いた声の出し方

ソフトパレットがまんまるに開いている声が、あなた本来の声です。

でも、ソフトパレットは油断すると下がってしまいます。家族で話すときに地声になるのは、実はあなた本来の声ではなく、ソフトパレットが下がっている声。

では、なぜ、ソフトパレットを引き上げたままにできないかというと、鍛えていないから。いわゆる重力の法則で、年齢を重ねるとお肌がたるんでしまうように、ソフトパレットも下がります。年を取るとよく声が低くなるといわれるのは、ソフトパレットが下がっているせい。ソフトパレットが下がっているだけだから、老化現象ではないのです。

筋トレは何歳になっても効果があります。ソフトパレットも筋肉なので、引き上げる習慣を身につければ、いつでもまんまるく開いた声は出せるのです。

では、どうすればソフトパレットが開くのでしょうか。

緊張するとソフトパレットが開かないとお話ししました。そう、ソフトパレットは心と連動しているのです。

ここまで読んでいただいた方なら、もうなんとなくおわかりだと思いますが、ソフトパレットを開くには、オープンマインドになることがいちばん大切なのです。心がフラットで穏やかで、リラックスしているとき、ソフトパレットが開きます。頑張って声を出すのではなく、声という音を鳴らす感覚です。

自分の心の癖を手放してクリアな状態になると、ソフトパレットはゆるんで開きます。ところが、心にブロックがあったり、頑張って声を出そうと力んだりしてしまうと、とたんにソフトパレットは硬く狭くなってしまいます。

ちなみに、ソフトパレットが最大限に開いているのは「あくび」をしているとき。開いているのかよくわからないときは、あくびをして感覚を確かめてみましょう。

ソフトパレットを開こう、ゆるめようと一生懸命になるのではなく、ただ心の状態がいいこと。それがソフトパレットを開き、フルサウンドヴォイスに近づけるコツなのです。

不思議なことに、ソフトパレットが引き上がっていると、「あー、疲れた」「ダメかも……」「バカヤロー」といった、ネガティブな言葉が言えなくなるんですよ。

声の波形をとったときに、あなたに足りない色（＝出ない音階）は、あなたの心の癖がつくっています。

たとえば、「自分の声が嫌い」という人に多いのが、「何でもジャッジする」「基準値（理想）が高い」という心の癖があります。その癖がソフトパレットを狭めて、ある周波数が鳴らないのです。

そんなときはトレーニングをコツコツしながら、自分の心の癖を少しずつ手放していきましょう。

少し専門的な話になってしまいましたが、これからご紹介する簡単なトレーニングをすれば、ソフトパレットが開きやすくなります。そして、その成果を、声診断ソフトでチェックすれば完璧！　フルサウンドヴォイスとなって、より望ましい現実を手に入れていきましょう。

全色共通トレーニング

トーニング発声法～背骨をゆるめれば声が変わる

ソフトパレットをゆるめて上げるのにおすすめの発声法があります。それがトーニング発声法。

声の波形がどんな方でも、全色に共通して行えます。リラックスして「う～」、または「あ～」と発声します。声を前に出すのではなく、声を頭蓋に響かせて後ろから出すようなイメージで、ハミングのように声を出す方法です(ハミングではありません。ハミングは喉を痛めてしまうのでご注意ください)。

この発声法は、声に意識が集中するため、思考が無になり、瞑想状態のようになることができます。

発声法といっても、大きな声を出すのではありません。自分の周りの空気が振動するような感じで、小さな音で声が響いているように発声します。そのためには力を抜

トーニングとハミングの違い

トーニングは頭蓋に響かせる発声方法で、まるで体が楽器になることでスピーカーのように音色を放ちます。
一方ハミングは鼻から出るため、喉を痛めてしまうこともあります。
詳しくはこちらの動画をご覧ください。

いて、声を大きく前に出そうとしないのがコツ。〝自分〟という楽器が、勝手に鳴っているような状態になります。

その状態にする前に、まずは体にアプローチする必要があります。

ソフトパレットを開くには、体をゆるめてリラックスすることが大切です。体をゆるめると、声が響きやすくなるのです。

私たちの体は普通に生活しているだけでも緊張します。緊張する場所は一人ひとり違いますが、緊張の根本原因は、やはり、「心」にあることは、すでにお話しした通りです。

心の癖を手放すことが大切ですが、同時

に体からもアプローチしていきます。

そのポイントとなるのが「背骨」です。

緊張すると首や肩も硬くなりますが、背骨もギュッと硬くなります。現代人は常にストレスにさらされ、緊張している時間が長いので、その結果、体も硬くなり、声の自由を失ったともいえるのです。硬く緊張している状態を長く続けると、背骨に老廃物がたまり、より硬直し、背骨の可動域が狭くなっていってしまうのです。

話は変わりますが、よく、背中が痩せるとダイエットが成功したといわれます。実は背中を太らせているのが、背骨の周りについている老廃物です。長年セメントのように背骨に張り付いて、背骨が自由に動かなくなってしまうのです。そして代謝が悪くなり、太りやすくなるのです。

声も同じです。背骨に張り付いた老廃物によって背骨が動かなくなり、声が響かなくなります。声を出しても硬い声、もしくは小さい声になってしまいます。だから無理に大きな声を出そうとして、ソフトパレットを狭めて、圧のある声になってしまうのです。

現代人はただでさえパソコンやスマホで前かがみの姿勢が多く、背骨が動いていいません。楽器は振動することで音が鳴り響くのに、1個1個の背骨が振動しないから、声が響かないのです。

お坊さんがお経をあげるとき、私たちには背を向けているのにすごくよく聞こえることがありますよね。それは後ろからも声が出ているということなんです。心に響き、声も響いているお坊さんは、きっと背骨がゆるみ、ソフトパレットもゆるんでいます。すると、体がスピーカーの役目をしてくれるので、背中からもちゃんと放射線状に音が出ているのです。

背骨の可動域とソフトパレットはつながっています。背骨をゆるめて体を解放することが、ソフトパレットをゆるめることにもつながります。

背骨を動かせば声が変わる。この事実に気づいたのは、ピラティスを習っていることがきっかけでした。背骨をゆるめることによって声が響くようになるので、頑張ってしゃべらなくていいのです。名づけて「省エネ話法」です(笑)。

だから普通にしゃべっているだけなのに、相手も聞きやすいし、疲れないし、自分自身も疲れない。声も枯れないし、相手に圧をかけることもない。一石二鳥どころか、三鳥、四鳥なんです。

背骨をゆるめるストレッチ

背骨の動きは①上体を前後に曲げる ②上体をねじる ③上体を横に曲げる の3つだけ。簡単なのでトーニングの準備体操のつもりでやってみましょう。

①体を前後に曲げる

立ったままで行うのがベストですが、いすに座ったままでもOK。首から腰に向かって頸椎《けいつい》↓胸椎↓腰椎と、背骨を一つひとつ意識するように、上体をゆっくり曲げていきます。

曲がりきったら、今度は逆に腰から首に向かって、背骨を一つひとつ意識しながらゆっくり起こし、上体をゆっくり反らします。これを2、3回繰り返しましょう。

※いすに座って行う場合は、いすの背もたれにもたれるように反っていいですが、後ろに倒れないように注意しましょう。

2 ねじる

いすに座り、背筋をまっすぐに立て、骨盤を正面に向けたまま、上体を左右にゆっくりねじり、元に戻します。左右3回ずつくらいを目安にしましょう。

3 上体を横に曲げる

立ったままで行うのがベストですが、いすに座ったままでもOK。右腕を上げ、ゆっくりと上体を左側に曲げ、右の脇腹の筋肉を気持ちよく伸ばします。肋骨《ろっこつ》と肋骨の間が開くようなイメージで行います。

ゆっくりと元に戻したら、左側も同様に行います。これを2、3回繰り返しましょう。

（背骨の可動域をチェックするにはビデオを撮るのもいいですし、ピラティスの体験レッスンなどもいいかと思います）

そして背骨がゆるんだら、トーニングにトライ！

トーニングを教えるのに、「ハミングのように」とお伝えしているからか、時々トーニングをやってもらうとハミングをしてしまう人がいます。

背骨をゆるめて軟口蓋《ソフトパレット》をゆるめる

1 体を前後に曲げる 3回

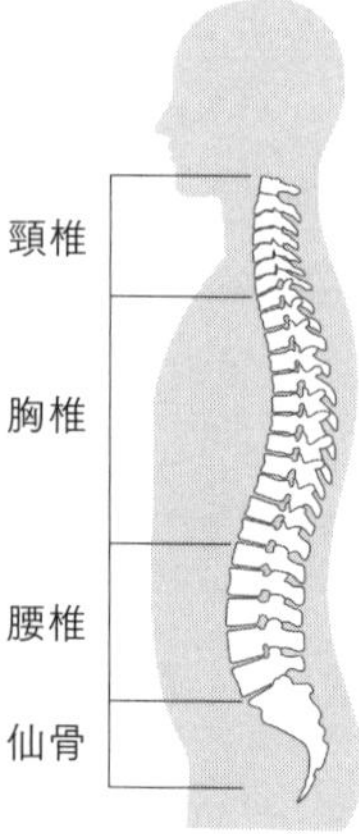

背骨を一つ一つ
動かすイメージで
固まった背中をほぐす

背骨をゆるめて
声が響くように

2 体をねじる 左右3回

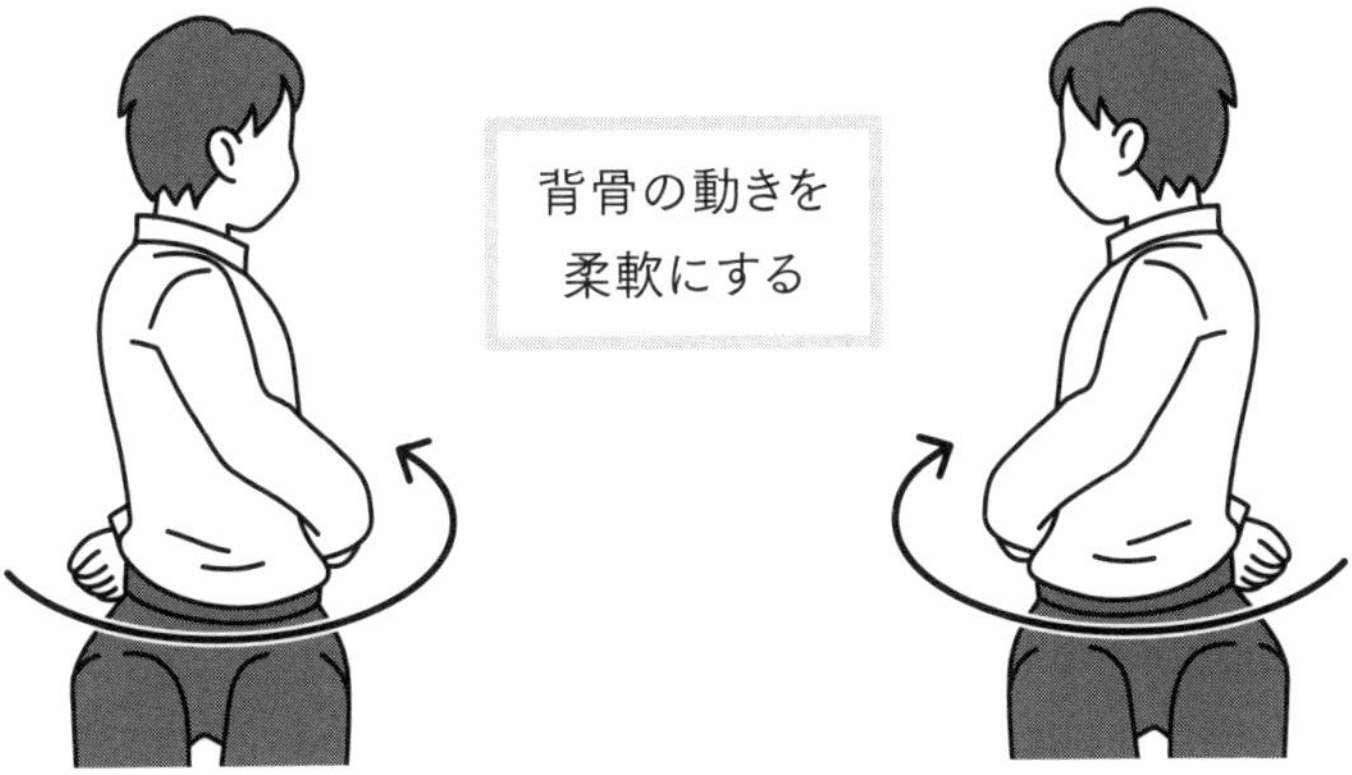
背骨の動きを
柔軟にする

3 体を横に曲げる 左右3回

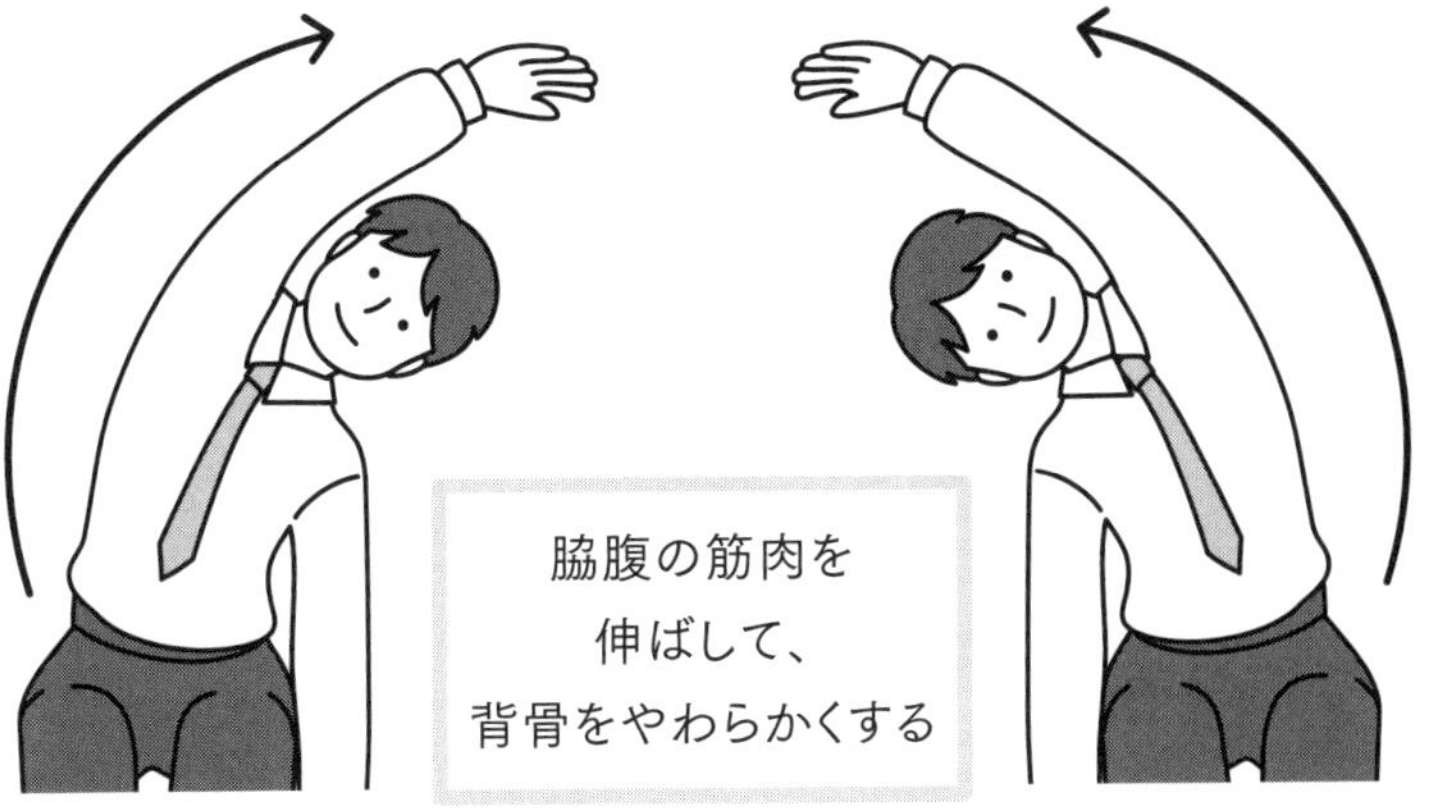
脇腹の筋肉を
伸ばして、
背骨をやわらかくする

でも、ハミングとトーニングは似て非なるもの。ハミングは、口を閉じながら歌うこと。声が前から出ているため声帯を痛めますが、トーニングは痛めません。

ためしにトーニングしているときに、鼻をつまんでみてください。鼻をつまむと音(声)がなくなる場合は、ハミングです。トーニングは、鼻をつまんでも音が鳴っています。

巻末のQRコードから、本書の読者だけに特典でつけている私の3分間のフルサウンドヴォイスのトーニングを聞くことができます。

このトーニングを聞いていただくだけでもいいのですが、もっと確実に効果があるのが、音源に合わせて一緒にトーニングをすること。

大きめのワイングラスをやわらかくたたくと、「チーン」と澄んだ音が響きますよね。その持続音に自分の声を乗せるようなイメージで行ってみてください。

軽く、小さな声を出すようにするのがポイントです。毎日3分続けると、波動が細やかで、高い周波数の声に調整されていきます。

一緒にトーニングすることで共振共鳴し、少しずつフルサウンドヴォイスに近づくことができるでしょう。

色別トレーニング

あなたに足りない色の意味とは

声の波形をとると、なぜかみなさん、たくさん出ている色よりも、自分に足りない色のほうが気になるようです。

それはそうですよね、足りない色が出るようになれば、それだけフルサウンドヴォイスに近づくことができるのですから。

もちろん、波形が足りない色や出ていない色があるからダメなわけではありません。出ない色の部分に、自分が今までくり返してきた心の癖や無意識のパターンが隠れているのです。足りない色に、自分が抱えている課題に気づくチャンスが隠れているのです。

毎日、声診断アプリで声を診断し、心の癖を手放してフルサウンドヴォイスになっていきましょう。

なお、私が行っている講座では12音階を12色で表して細かく解説していますが、初めての方でもわかりやすいように、本書では「レッド・コーラル」「オレンジ・ゴールド」「イエロー・ライムグリーン」「グリーン・アクア」「ブルー・ネイビー」「バイオレット・マゼンタ」の6つに分類してお伝えしていきます。

足りない色が出るようになると、自分の内面が深まり、あなた自身も周囲の人との関係もよりよく変わっていきます。

ここからは、足りない色別に、声を整えて内面を整える方法を体験談とともにご紹介しましょう。

Red & Coral 足りない音の出し方 1
レッド・コーラル

レッド・コーラルはパワー、行動力を意味し、その人のエネルギー量にダイレクトに関係しています。ここの音が出ないということは、まさにエネルギー不足の状態です。よく、「やりやらなければならないことがあっても、余力がないからできません。

たいと思っても、なかなか行動できません」という悩みを聞きますが、それはあなたが悪いのではなくて、単にエネルギーが足りていないのかもしれません。

エネルギー不足＝疲れていることになりますが、疲れには2種類あります。単純な肉体的疲れは休めば改善しますが、問題なのは心の疲れのほう。たいていは考えすぎなのです。

色でいうと、ブルー・ネイビーが多く出ているか、もしくは無意識で考えすぎている場合は少なくなっています。行動しようと思っても、「お金がかかるし」「損しそうだな」「無理かも」「時間が足りない」など、あれこれ考えすぎて、動けなくなっている状態です。

思考過多になると、心が疲れてしまいます。人間は何も考えずにぼーっとしているように見えるときでも無意識に1日に6万回も思考しているといわれています。

そして最もエネルギーを消費するのが、同時並行作業です。やることがたくさんあると、ひたすら仕事を「こなす」作業脳になります。みっちり仕事をする日があってもいいので、できるだけ何も考えない日、何もしない日も意識的につくりましょう。そうすると、作業脳がクリエイティブ脳に切り替わります。

目的もなく何も考えずに散歩するのもおすすめです。このとき、音楽を聴きながら歩いたり、周りの景色を楽しんだりすると思考が働いてしまうので、ただ何も考えずに歩くのがポイントです。

●レッド・コーラルエピソード「いつか起業したい人」

レッド・コーラル不足の方で多いのが、「いつか起業したい人」です。

「今の仕事は本当にやりたいことではない。いつか起業したい」と思い、起業塾に行ったりブログを始めたりするものの、何年もそのまま。失敗したらどうしようとリスクヘッジばかり考えて動けません。チャレンジしなければ失敗もしないので、安心なのです。

あるとき40代の保険の営業をしている男性が相談に見えました。いろいろなセミナーや起業塾を行脚しているのに、夢に一歩踏み出せない。

話を聞くと、上司から売り上げについて厳しく問われる毎日で、そこから逃げ出したい思いのほうが強いようでした。しかも、どういうことで起業したいという目的もなく、「コーチングを習っているので、コーチで食べていけるでしょうか」とあいまいな目標のまま進もうとしていました。

「自分の何が悪いのでしょうか」と悩んでいる様子だったので声の波形をとると、ブルー・ネイビーが強かったのです。つまり、頭で考えて「リスクをとってまでやらなくていいや」となってしまっていたのです。

加えてマゼンタも少なめ。誰かに求め、もらってばかりで人に与えることをしていないのです。言い換えれば、エネルギーの収支のバランスが悪く、エネルギーを出さずに人からもらって当たり前という考え方でした。

「あなたは、周りにgiveする生き方をしていますか？　営業職なら、まず先にエネルギーを出すほうを多くしなければ、仕事は成功しませんよ」

自分の売り上げや保身のために頑張るのではなく、目の前の人がどうしたら幸せになるのかを考える。そこにエネルギーを使うのです。

半年間の個人セッションで男性にやってもらったことの一つは、「感謝ノート」をつけること。朝起きられること、冷たい水が飲めることなど、小さなことに感謝を記してもらいました。「足りない、もっとほしい」から、「自分は十分いただいている、満たされている」という状態になって初めて、誰かにギブすることができるようになります。

感謝をして満たされると、エネルギーも満ちてきます。人が、甘いものを食べたり、マッサージに行ったり、旅行したりするのはエネルギーを補充するため。でも、いちばん効率的でいちばんお金がかからないエネルギー補充法が、感謝をすることです。

エネルギーが満ち、感謝脳になった男性。仕事ではお客様への言葉が変わりました。心から発する「お客様のおかげで」という言葉は、態度にも表れます。

お客様とは一期一会《いちごいちえ》。お会いできたことに感謝する気持ちを本気で伝えられるようになった頃、声の波形にマゼンタが表れ、やがてレッド・コーラルも出てきました。「きれいな色が出てきましたよ」とお伝えしたら、男泣きです。

そこからの変化は早く、今いる会社で営業成績がアップ。起業しようが今の会社にいようが変わらないことに気づき、元気に仕事をされています。でも、きっと今の彼なら起業しても成功するでしょう。

レッド・コーラルが足りない人へ

- 何もしない日をつくる。
- 目的もなく何も考えずに散歩する。
- 小さなことに感謝する（「感謝ノート」をつける）。

Orange & Gold

足りない音の出し方 2
オレンジ・ゴールド

オレンジ・ゴールドは、信念や軸を表します。オレンジ・ゴールドが足りないと、軸が弱く、ぶれやすくなります。たとえば人の意見に振り回されるなど、人の影響を受けやすい傾向があります。オレンジは感情を意味しているので、自分の感情を抑えているということになります。

人を動かすのは「感情」や「熱意」です。「このケーキは絶対においしいから食べてみて!!」なんて熱く語られたら、食べたくなりますよね。

でも、感情が乗っていないと、「ケーキだったら何でもいいや」とか、「あの人がいってていうから、とりあえず食べてみようかな」みたいな感じになります。熱が入っていないから、人を動かすことができません。

これをリーダーシップに応用すると、感情や熱意のこもった本気は人を動かすということです。本気というのは主体的に生きるということです。自分の人生は自分で責任を取って生きるという覚悟でもあります。しかし、オレンジ・ゴールドが少ないと自分でものごとを決めないといけないときに守りに入ってしまい、なかなか決められないという事態になりがちです。

また、オレンジ・ゴールドは自分の本音・本心という意味があります。ですから、「本音や本心を出すと人に迷惑をかけてしまう」「本音を言ってはいけない」といった状況になったときも、無意識にこの色を消します。

● オレンジ・ゴールドエピソード「依存していることに気づかない人」

オレンジ・ゴールドが足りない人は、依存傾向があります。

依存心があると、何か自分にとって嫌なことがあると常に外側のせいにしがちです。たとえば、ちょっと会社で残業をさせられたら「ブラックだ」と言ったり、きつい上司がいると、「パワハラ上司のせいで私の仕事ができない」と言ったり（もちろん、本当にひどい場合は別ですよ）。

嫌なことを外側のせいにすると何が起きるかというと、自発的に何かをできなくなります。仕事に対してもそうです。会社にいれば給料が出て当たり前、お客さんが来るのが当たり前。感謝が足りなくなります。

ある看護師さんが相談にやってきました。病院を辞めてラジオパーソナリティとして独立したかったけれど、うまくいかないというのです。

なぜ、ラジオパーソナリティになりたいのか理由を聞くと、しゃべりがうまいと言われたこと、話すのが好きなので、声で仕事をしたいとおっしゃいます。それ自体は素敵なことですが、波形を見るとオレンジ・ゴールドが足りません。

お話を聞いていると、独立したら自然に仕事が来るように思っているフシがありました。それもそのはず、今までの看護師という仕事は、集客したり、広告・宣伝したりする必要もなく、患者さんが絶えず訪れます。しかし、独立して仕事をするということは、自分で集客をすることが必要だということ。それを安易にとらえ、集客の講座で習ったら誰でもできると思っていたところ、実はとても難しいということがわかったのだそうです。

本来であれば、彼女が独立する前に、自立の色、オレンジ・ゴールドを出せるようにすることが先でした。好きなこと、得意なことを仕事にするときは最初からそれで食べていこうとするのではなく、周りに対して積んだ〝徳貯金〟が満期に近づくと、自ずとその機会がやってくるケースが多いようです。つまり、自分の夢を叶えるための近道は徳を積むこと。徳を積む生き方とは与える生き方であり、たとえ夢だとしても何かを得ようとしないことです。もらうのではなく与えていくことが独立して成功するために必要なことなのです。

彼女の例でいうと、看護師として患者さんをケアしてあげているつもりでいても、実際は患者さんがいたからこそ、自分がケアすることができたという事実があります。でもそれがいつしか、患者さんに対してケアさせていただいているのではなく、ケアしてあげているという状態になっていきます。すると看護師という仕事柄、目の前に患者さんがいることが当たり前になってしまったのです。当たり前になると、目の前の小さなことに対する感謝が少なくなり、もらうのが当たり前という思考になってしまうのです。すると独立しても集客が難しい、継続が難しいという現象が起きてしまうのです。

パーソナリティの夢破れた彼女に声診断をして、オレンジ・ゴールドが出ていない波形について説明しながら、自立、自発心を育んでいくこと、与える側になることが、才能を仕事にしていくうえでの第一歩だということをお伝えしました。

すると、彼女は長年、看護師の仕事をして、収入もあったので自分は自立していると思っていたそうです。家事もこなし、家族に対しても与えてばかりだと思っていたそうです。しかし、「してあげたこと」ではなく、「してもらったこと」に意識を向けたときに、子育てにおいて旦那様や周りに協力してもらったこともあったり、病院に対しては、体制には不満もありましたが、患者さんやスタッフに学ばせてもらったりしたことが、本当は多々あったことにも気づきました。さらには、さまざまなことに依存していることに気づき、どんな小さなことでもすべてが感謝だということが腑に落ちた途端に、オレンジの波形が少し出てきました。

彼女にはトーニング発声法をお伝えしたうえで、感情を吐き出させるワークをしてもらいました。

感情を出せないでいると、感情のゴミがたまります。たとえば、「このやろう」という怒りを我慢すると、怒りが腰にたまり、腰痛になったり、ぎっくり腰になることもあります。

これまで頑張ってきた人ほど、本人が思っている以上に感情が蓄積しています。

彼女は楽器をやっていたので、ウクレレを弾いて感情をリリースしました。自立に目覚めると、「そもそも、私は本当にラジオパーソナリティになりたいのだろうか」と自問自答が始まります。

自分の心の声を聞きながら、内側を掘り下げて観察してみると、看護師という仕事をしているなかで、患者さんを助けたかったんだと気づいたのです。病院では、患者さんを助けるうえで、中心となるのは医者です。医者とは違った視点で患者さんを助けること。それを考えたときに「ああ、カウンセラーをしたかったんだ」と本当にやりたかったことに気づいたのです。

カウンセラーとして患者さんの悩みを聞きながら話をすることが、自分に合っている、と。

オレンジ・ゴールドの軸が整うことで自分と向き合い、覚悟を決めたちょうどそのとき、知人から心療内科の仕事が舞い込みました。

看護師という仕事をしているからこそわかる悩みがあります。彼女は今、心療内科に勤務しながら、その病院でカウンセリングをしてイキイキと働いています。

そしてそのかたわら趣味でインターネットラジオも始めたと聞きました。

オレンジ・ゴールドが足りない人へ

- 感情を吐き出すワークをする（自分が好きなもの、やりやすいものを選ぶ）。
- 大きな声でカラオケを歌う。
- 色に集中して感情を色で吐き出す（きれいに塗ろうとしない）。
- 音楽に合わせてダンスする（感情にまかせて、うまく踊ろうとしない）。
- 自分のなかの負の感情をノートに書きなぐる（汚い言葉、ひどい言葉をどんどん書く）。
- ギターやピアノなど自分の好きな楽器を思いっきり演奏する。
- 海に行って思いきり声を出す。海の映像や波の音の動画を見て声を出してもＯＫ。

Yellow & Lime Green

足りない音の出し方 3
イエロー・ライムグリーン

イエロー・ライムグリーンが足りない人は、自信がない人です。よくいえば謙虚なのですが、言い方を変えれば自己肯定感が低く、自分のことがあまり好きではない傾向があります。

このような人に「やりたいことは何ですか」「あなたはどうしたいのですか」などと聞くと、「とくにありません」「よくわかりません」と答えたりします。

言い方は酷ですが、〝自分がない〟のです。だから、エネルギーの強い人が近くにいると、その人に振り回されてしまいます。イエロー・ライムグリーンが足りない人が、逆にイエロー・ライムグリーンが強い人（カリスマ性がある人）と一緒にいると、すべてその人のペースに持って行かれてしまい「ああ、疲れた……」となるでしょう。場合によっては、だまされてしまうこともあるので要注意です。

自分探しをして、自己啓発セミナージプシーになっている人が、カリスマ性のある先生にハマって、先生の言うことを信じていろいろとやってみたけれども結局、何も得られなかった……などということは、実はよくあります。これからは本当の自分につながって生きることがますます重要になる時代になっていきます。

●イエロー・ライムグリーンエピソード「自分で自分がわからない人」

私の講座に来てセミナー巡りに終止符を打った女性がいます。

会社員として働いているけれど、面白くないから、何かほかのことをしたい。でも、何をしていいのかわからない。

声の波形をとると、イエロー・ライムグリーンがありません。

そのような方は、たいてい「私、何に向いていますか」「どんな才能がありますか」といった質問を投げかけます。おそらく声診断で「あなたにはこんな強みがあります」と言ってもらいたいがために来ているのでしょう。

私は彼女に、「自分の長所や才能は、探すものではないんです。目の前のことを一生懸命やることによって、知らないうちに発揮するものですよ」と伝えしました。目の前の、今の自分に与えられていることを誠意をもって100％やること。そうすることで、あとから振り返って「こんなことができたんだ」と気づくもの。それが本当の才能ではないでしょうか。

かの有名なスティーブ・ジョブズのスピーチ「Connecting the dots」の話をしましたが、目の前のことを一生懸命やることが点になり、それが線になっていくのが本当の才能の伸ばし方です。

ここまで説明しても、イエロー・ライムグリーンがない人に限って、「じゃあ、どうしたらいいんでしょうか」などと聞いてきます。とても真面目な人が多いのです。真面目でいつも真剣なそんな人に共通しているのが、「笑っていない」ということ。笑顔がない、心から笑うことができないのです。それは自分の人生を楽しむのではなくて、間違えないように、きちんとしなくてはいけないと思っているからかもしれません。もっと自分の人生を楽しんでくださいとお伝えすると、逆に「もっと楽しまなくてはならない」と自分に課題を課したりするのです。

イエロー・ライムグリーンを出す「笑いのワーク」がありますが、真面目すぎて、面白くないのに笑えないのです。笑えない人はお腹が硬くなっています。お腹がゆるみ、横隔膜《おうかくまく》を動かせる人は、面白くなくても、いくらでも笑えます。

どうしても笑えない人にはお笑い番組やお笑いの舞台を見てもらいます。目的もなく、ただ笑うために時間を使ってもらうのです。彼女にもそうしてもらいました。そうするとお腹のあたりがゆるみます。そのうえで「あなたは何がしたいですか」と聞くと、「あー、とにかくゆっくりしたいです」と言います。

自分の才能探しをする前に、まずはゆっくりして、自分の好きなことを自分にやらせてあげることが必要だったのです。

好きなことを強みにして何かをする、ということではなく、ただ好きなことを好きなようにやることを自分に許可します。まずはゆるんで、楽しんで。

これまでは自分のいいところ、強みしか認められなくて、ダメなところは認められなかった。無理やり強みを見つけて伸ばそうとしても、もろい、ニセの自己肯定感がつくられるだけです。それは砂上の楼閣のような自信です。

でも、自分のなかのダメなところも認めて、ゆるしてあげる。ダメなところがあってもいいし、それが自分なのだと受容できるようになると変わります。

彼女にとってダメなところは「しゃべること」でした。声も嫌いだし、思っていることがうまく言葉にならず伝えられないということでした。でも、うまくしゃべれない自分をゆるし、下手くそでもいいから自分の思いを吐き出すことが大事だとわかったとき、「セラピスト」という自分の本当にやりたいことが見つかりました。しゃべることに自信がない彼女は、こんなダメダメな自分がセラピストなんて無理だと決めつけていました。

でも、「こんなダメダメの宝庫のような私でも生きてきたということは、ダメダメな人の心が誰よりもわかる」「過去の私のように悩んでいる人を救うことができる」「その才能を生かしていこう」というふうに気持ちを切り替えることができました。

イエロー・ライムグリーンが足りない人へ

- 声を出して大笑いする。
- 「ふっふっふっ」と息を吐いて横隔膜を動かす。みぞおちのあたりをマッサージする。
- トランペットやサックスなど管楽器の曲を聴く。一緒に声を出す。

Green & Aqua

足りない音の出し方 4 グリーン・アクア

グリーン・アクアが足りない人は、人と関わるのが怖い、あるいは面倒くさいと思う傾向があります。決して人が嫌いなわけではないのですが、深く関わり合うよりは、広く浅い関係でいたいと思っています。

人によってはクールな人、話を聞いてくれない人と思われることもありますが、実際はそうではありません。何かのきっかけで、あえてハートを閉じているだけなのです。

グリーン・アクアが足りない人は、なぜか体も硬く、とくに胸椎のあたりが固まっていて、体を前後に曲げる前屈と後屈が苦手な人が多いです。股関節が硬いことも原因かもしれません。152〜153ページで紹介した背骨をゆるめるトレーニングをすると効果的です。

また、グリーン・アクアが足りない人に多い、人見知りや人に対する壁がある場合は、オープンハートの練習をします。少しハードルが高いかもしれませんが、対人関係において自分から先に心を開くといいのです。

いちばん簡単なのが「自分から先に挨拶をする」こと。グリーン・アクアが足りない人は人見知りな人が多いので、知り合いが向こうから歩いてきても、相手からの反応が気になってしまうがゆえに、気づかれないようにオーラを消すような癖がある人もいます。

その癖を変えるために、まずは自分から「おはようございます」と言ってみる。このとき、挨拶が返ってこようがこまいが気にしないことです。まずは自分からオープンになる練習です。

深呼吸もおすすめです。リラックスするのがいいのですが、そう簡単にはできないので、深呼吸をすると手っ取り早いのです。とくに人と会う前にするようにしましょう。深呼吸は、吐くのを先に行うのがコツです。長くゆっくり口から吐いたら、自然に息を吸えます。

グリーン・アクアが足りない人の隠れた特徴は、ブルー・ネイビーが多いこと。空気を読みすぎてしまったり、邪推をしてしまったりする癖があるのです。「もしかしたら、こんなことを言ったら、この人はこう思うかもしれない」などと、話す前に考えすぎてしまいます。そして間《ま》が怖いので、何か話さなければならないと話題を見つけるなど気を使い、疲れてしまいます。

邪推や詮索はエネルギーロスのもとになります。まずは深呼吸して、自分のペースで相手と向き合うといいでしょう。

●グリーン・アクアエピソード「泣きたいのに泣けない人」

先にグリーンが欠けていた介護施設の施設長のお話をしました。毎日お世話をしていた高齢者が亡くなっていくので、まともに受け止めていたらつらくてつらくて仕事ができなくなる。だからグリーンを閉ざして、泣けなくなったという話です。

施設長さんは、悲しくても涙を出さず、能面のようでした。

「人の死は悲しいけれど、旅立ちを温かく見守るためにもグリーンが必要なんですよ」と説明しました。

その施設長さんにお伝えしたワークは「泣くこと」でした。泣いちゃいけないと思わずに、思いっきり泣くのです。

これを見ると泣く、という本や映画に触れるのもいいでしょう。映画を見て泣いた施設長さんは、ハートに積もりに積もっていたブロックが溶けたのでしょう、「悲しいときは泣いていいのだ」と心から思え、それ以降は亡くなっていくおじいちゃん、おばあちゃんに泣きながら「ありがとう」と伝えることができるようになりました。施設長さんは幼い頃、父親に「泣くな、男だろ」といわれていたそうです。それがブロックとなって、泣くのはダメなことと思うようになったのです。

その温かさが伝わったのか、「あの施設は、入居者を大切にしてくれる」と評判が上がり、入居者も増えたそうです。

グリーン・アクアが足りない人へ

- 体を前後に曲げる。
- 自分から先に挨拶をする。
- 深呼吸をする。
- 思いきり泣く（泣ける映画、ドラマ、本などを使ってもＯＫ）。

Blue & Navy

足りない音の出し方 5
ブルー・ネイビー

ブルー・ネイビーは、喉の部分のエネルギーと関係しています。

ですから、ブルー・ネイビーの音が出ない、体の面からの理由は、喉の周りが詰まっている、首の後ろが凝っていて硬くなっている、というものがあります。

首周りをほぐすために、リラックスできる音楽を聴きながら、ゆっくり首を左右に3回ずつ回します。体操という感じではなく、「今ここが凝っているな、硬いな」と体の動きを感じながら、ゆっくり呼吸をしながら瞑想するような気持ちで行いましょう。

トーニングをしてもらおうとしても、ブルー・ネイビーが足りない人のなかには、声が「出ない」と言う人もいます。声にブレーキがかかっているのです。口の周りが固まっている人が多いので、リップロールをしてもらうこともあります。唇をブルルル……と鳴らすアレです。リップロールで歌を歌ってもらうと、顔の緊張がほぐれます。

次に、メンタルからのアプローチとしては、一人の時間を作るのも大切です。ブルー・ネイビーが足りない人は、人と会うことでストレスがたまります。それはあれやこれやと考えすぎてしまって何を話したらいいのかがわからなくなってしまうからです。いったん思考をリセットするためにも、一人静かにする時間が必要なのです。

もう一つ、「きちんとすること」「完璧でいること」「ねばならない」といった思考の癖をやめることもとても重要です。完璧でいること、きちんとしていることに自分の存在価値を置いている人が多いのですが、〝いい加減〟でOKなのです。〝いい加減〟は、〝良い加減〟ということ。ちょうどいい加減でやめていいよ、と自分に許可してあげましょう。

そうすることでソフトパレット（軟口蓋）がリラックスしゆるむことで喉の緊張がほぐれるのです。喉が詰まっているように感じている人は無意識にソフトパレットが緊張し、力が入ってしまっているのです。ブルー・ネイビーの思考の癖に気づき、ゆるませていく習慣を身につけていくことで話しやすくなることでしょう。

ブルー・ネイビーが欠けている人は、表現を封印しがちです。常に喉のセンサーが稼働していて、自分で何か表現しようとすると、「これは話しても大丈夫だろうか」「こう言ったら相手はどう思うだろうか」など、自動的にチェック機能が働いてしまって一歩を踏み出すことができません。

考えすぎてしまって、石橋を叩いても叩いても渡らないのです。結果、言いたいことをほとんど言えなかったりします。先ほどお話ししたように、自分の存在価値とつながっているので、失敗を極度に恐れてしまうのです。

きちんとやらなくてもいいから、失敗することを恐れずに、まずは表現してみましょう。

●ブルー・ネイビーエピソード「歌いたいのに歌えない人」

うちの講座にいらっしゃる方にいちばん多いのが、ブルー・ネイビーが足りない人です。ですので、たくさん例があります。

これはヴォイストレーニングの先生に聞いた話ですが、ヴォイトレに来た人の悩みのNo. 1が「歌いたいけど歌えない」というものだそうです。面白いことに、アメリカなどではこういう悩みはありません。「歌いたければ歌えばいいじゃない？」というところでしょうか。歌いたいのに歌えないのは、日本人の特徴のようです。

要は「うまく歌わないといけない」「完璧に歌わないといけない」と思い込んでいるのです。もちろん音痴なんてもってのほか。

そんなときは、うまく歌うことではなく、自分の声を最大限使って（大きさではなく）、愛をもってソフトパレットをゆるく丸く開いて、「伝えよう」とすることが大事です。「伝えたい」という気持ちだけを音にして鳴らすイメージです。そうやって、その人の概念をぶち壊していきます。

ある40代の女性も「歌えない」と言って悩んでいました。でも、トレーニングの結果、ある日、勇気を出して友達と一緒にカラオケに行きました。そこで竹内まりやさんの『いのちの歌』を歌いました。歌詞も含めて、自分がいちばんしっくりくる好きな歌だったので、歌っていても入り込めたのだそうです。

「下手くそだけど一生懸命歌いました」と彼女。なんと、曲が終わって周りを見たら、友達がみんな泣いていたそうです。友達に気持ちが伝わったのですね。

それからは「こんな私の歌でも泣いてくれる人がいるんだ。これからは自分のためにも歌っていこう」と思えたそうです。その頃に声の波形をとると、見事にバランスがとれていました。

ブルー・ネイビーが足りない人へ

- リラックスした音楽を聴きながら、瞑想するようにゆっくり首を回してほぐす。
- リップロールをする。
- 一人の時間をつくる。
- 完璧でいることや、「ねばならない」をやめ、〝いい加減〟にする。
- 人前で歌を歌う。

Violet & Magenta

足りない音の出し方 6
バイオレット・マゼンタ

バイオレット・マゼンタは、愛、受容力のエネルギーなので、足りないということは、キャパシティが狭い、受け入れることができない、ゆるせないということを意味します。

いちばん大きな問題は、ゆだねることができないこと。これは、人にまかせられないこととは少し違います。表現が難しいのですが、「今この流れできているから、このまま流れに任せていこう」という感覚がないのです。もしくはこだわりが強かったり、自分の価値観やルールと違うものに対して違和感が強いのかもしれません。

ゆだねられない人は、「つじつまが合わない」とか「筋が通ってない」「これはおかしいです」などと言いがちです。重箱の隅をつつくようなことを指摘したりします。

逆にゆだねられる人は、「まぁ、いっか！」と言える人です。自分の意志もありながらも相手の意志や自分とは違う考えも、いったんは拒否したり戦ったりせずに受け入れる姿勢です。「まぁ、いっか！」がない人は、白か黒かをはっきりさせたかったり、自分の主張を曲げるのが難しかったりしますが、そんな場合はたいていバイオレット・マゼンタが欠けています。

●バイオレット・マゼンタエピソード「ゆるせない人、ゆるさない人」

バイオレット・マゼンタが足りない人は会社員にも多いです。いちばん印象に残っているのは、ある会社の40代の社長でした。社員が300人ほどいましたが、人間関係で内部分裂を起こして、会社が空中分解してしまいました。社員のなかで不信感がつのってそれが膨らみ、収拾がつかなくなってしまったのです。そして業績も悪化。

幹部は会社の借金を逃れて辞めてしまい、借金は社長が一人かぶることに。社長は自分の管理不足を猛反省して、自分の何が悪かったのか知りたいと相談にいらっしゃいました。

「今度こそ理想の会社をつくりたい。そうしなければ死ぬに死ねない」と思い、残った社員10人ほどで、小さなビルから再スタートを切りました。社長が声診断にいらっしゃったのは、その頃です。

「自分の課題は人間関係にあるようだ。自分でもよくわからないが、なぜか部下が反旗を翻し、反乱を起こさせてしまうところがあるので、今度はそうならないようにアドバイスがほしい」とおっしゃいました。

最初の会社は運と勢いで業績を伸ばし、急成長したがゆえに、一度ヒビが入るともろい面があったようです。

声の波形をとると、マゼンタが欠けていました。「マゼンタは受容力です。社員を受容していなかったのですね」とお話しすると、「いや、社員を受容していたら会社は収拾がつかなくなるじゃないですか」と反論されました。

社員からのクレームやわがままをいちいち吸い上げていたら、統制することができなくなると言うのです。

私は「たしかに、おっしゃる通りです。いちいち聞いていたら収拾がつかなくなるという気持ちもわかります。しかし、社員を思い通りに管理しようとしても反発されるだけではないですか？　規律で縛ったり、コントロールしようとしても、そのやり方は限度がありますよね？　これは例外のない因果の法則「出したものが返ってくる」

が反映されているだけです。戦うことより受容を選択し、邪推より信頼を選択することしか人間関係はうまく行かないのです」と伝えました。社長はハッとして、その日からマゼンタを出すためのトレーニングが始まりました。

最初の頃は本書で紹介したようなトレーニングをしても、マゼンタがどうしても出ません。社長であるがゆえに常にやるべき業務と解決すべき案件で頭がいっぱいになってしまっているのと、「会社と社員をよくするためにどうしたらいいか」という思いが、「会社と社員をコントロールしていかなくてはならない」という思いと重なってしまっていました。自分の会社を理想の会社にしたいということ、みんなにとってよかれという強い思いが、かえって邪魔していたことに気づいたといいます。

だから、その理想に反している社員を、無意識に排除したくなってしまうのでしょう。

「トーニングもしているんですけど……」

やってもやっても、マゼンタは出ませんでした。

トップであるだけに、社員に「与える」ことはできる方でした。でも、「与える」の次の段階があります。それが「見守る」こと。「受容度を上げる」ことです。見守ることは与えるよりも難しいのです。子育てもそうですよね。子どもを信じて見守るって、なかなかできないものです。

会社を育てる、社員を育てるのも子育てと同じで、見守りが必要でした。でも、マゼンタが欠乏していると、見守るための辛抱ができないのです。

「早く答えを出せ！」「こうすればできるだろう。なんでわからないんだ！」と、答えを急《せ》かしたり、正解を教えてしまったりする。

見守る練習として、ひたすらトーニングをしてもらいました。「イライラしたら、トーニングしてください」と。

すると、面白いことが起こりました。社長が「トーニングを続けるうちに、なんで会社がつぶれたかわかった」というのです。自分で先に答えを出して「こうしてくれ」と指示を出し、思った通りにできない社員を責めていたと。そうすると社員は自己存在価値が下がり、会社を辞めてしまいます。

「それを世の中ではパワハラと呼ぶのです」と私。

その結果、社員のやる気と個性をつぶし、心を殺して作業だけをこなす社員だけが残ったというわけです。

もうそんなやり方から卒業すると誓った社長。ゆだねる力をつけるには、社長自身がゆるんでいないと、ゆだねることができません。

見守ることができない、待てない、というときは、まず体からゆるませます。何かをやろうとすると「よし！」と気合いが入って筋肉が緊張し、交感神経も優位になり、闘いモードになります。それをゆるませるのです。実践したのは、前にも紹介した「背骨をゆるめるストレッチ」。

社長は体が硬かったのですが、無理せず、できるところまで毎日コツコツと前屈、後屈してもらいました。硬い自分の体さえ受け入れ、ゆるすことをやってもらったのです。ゆるす気持ちが増えると、体もゆるみます。これが、「ゆるす」と「ゆるむ」をかけた、名づけて「ゆるトレ」です。

半年後、社長さんから**「最高のストレスケアは、ゆるすことですね」**という名言が出ました（笑）。社員に対しても「なんでできないんだ！」から、「どうやったらできるようになるか、自分で考えていただく」に変わっていきました。そして少しずつリラックスした声が出せるようになり、なんと波形をとると、フルサウンドヴォイスになっていたのです！

その波形を見た社長は、「なんだ、これでよかったのか。今まで真逆をやってきたよ」

としみじみおっしゃっていました。

今では社員は80人に増え、社員が休みの日になると「早く会社に行きたい」と本気で思うような居心地のいい会社になっています。そして売り上げよりも「日本一、社員が幸せな会社をつくる」ことを目指しているそうです。

バイオレット・マゼンタが足りない人へ

- 背骨をゆるめるストレッチなどで、体をゆるめる。
- 深呼吸をする（吐いてから吸うのがコツ。できるだけ深く、長く）。
- リラックスできるもの、こと、場所を見つける。

エピローグ

「声を整える＝自分を調律する」と人生が変わる

○声を使えば人の心は動く

私が声の仕事とどうやって出会い、声診断をなぜやるようになったのか。少し長くなりますが、お話しさせてください。

私は引っ込み思案な子どもでした。そんな私が小学校4年生のとき、国語の教科書を音読した際に先生にほめられたことをきっかけに、アナウンサーになりたいと思うようになりました。

ところが、本文でも少し触れましたが、大学生になって選挙演説を聞いたとき、声で人を動かすほうが面白いと、政治家の秘書になって、成り上がろうと思ったのです（笑）。社会人になってから、平日は代議士秘書として永田町の議員会館に勤めながら土日は結婚式の司会、ナレーション、声優、朗読、ラジオのパーソナリティなどの声の仕事をしていました。

その後、秘書をしていた代議士が落選したため仕事を探すことになり、大手情報通信会社に転職しました。仕事は、フリーペーパーに掲載する飲食店や美容院などさまざまなお店の広告をとること。いわゆる飛び込み営業です。

「うちは間に合っているからいいよ！」と門前払いされないためにはどうしたらいいか。どんな声を、どんな周波数で発したらいいのか考えました。そこで知恵を働かせ、飲食店に入るときに、いきなり「こんにちは～。先日はおいしかったですー」なんて食べてないのに言ってみたりして（笑）。

それだけで会話が始まります。もちろんセリフだけではなく、声も意識しました。こんな経験から、「相手の心にグッと入り込む声ってあるんだな」と実感したのです。

今思えば、それはソフトパレットが上がり、丸く開いている声でした。飛び込み営業を成功させるポイントは、やはりメンタルです。「断られたらどうしよう」などといった不安や心配は、声に表れます。ソフトパレットが引き上がると、言葉が前向きになるのです。

営業成績は上がっていき、地域のトップ3に入るまでになりました。声を意識していると、頭もスッキリして、大きな契約がとれそうな顧客が直感的にわかるようになりました。飛び込みで大きな契約が連続して舞い込むようになりました。たまたま社内で受けたクレームの電話から、声を意識して対応しているうちに、逆に広告がとれてしまったことがありました。まるで「ソフトパレット営業」ですね。

その後、出産のため営業の仕事を辞め、子育ての合間にしばらく司会業に専念、1500件近く結婚式の司会をやりました。

司会の仕事で忘れられないのが、両家が不仲の結婚式。今にも一触即発の雰囲気でした。「和やかな雰囲気をつくらなくては」と、無意識にソフトパレットを丸くして司会をしていたのかもしれません。なんと最後の花束贈呈では、両家が握手して仲直りしてしまったのです。その後、その新郎新婦とは結婚式のあとも感謝のお手紙をいただき、何年もの間、連絡を取り合う関係が続くほど感謝されました。

「声を使えば、人の心は動く」。そのコツをぼんやりとつかんだのはこのときでした。

司会業の合間にウグイス嬢もやっていましたが、やがて「声で人をコントロールしているのではないか」と思い始めるようになりました。声を使って人をコントロールする術、影響を与える術をやっていることに、だんだん虚《むな》しさを感じるようになりました。

「私は本当の自分の声で話せているのだろうか？」「私が声を使って本当に伝えたいことは何なのだろうか？」、「私にとって声とはいったい何なのだろうか？」という思いが強くなり、そこで声の仕事を一切やめたのです。

◎人を愛で包むおじいちゃんの声との出会い

そんなとき、声楽の発表会がありました。みんな、ここぞというときの勝負ドレスを着て、どれだけ高い声が出るか、いい声で歌えるか、練習の成果を競うような発表会です。そのなかに、一人だけおじいちゃんがいたのです。

「何でこの人がいるんだろう？」

聞けば病気で余命いくばくもないといいます。正直、「なぜ、体がしんどいのに、そこまでして歌おうとするのだろう？　大丈夫だろうか？」と歌う前は思っていました。ところが、そのおじいちゃんが歌った途端、自分の意志に反して涙がだーっと出てきたのです。歌った歌は童謡の「七つの子」。

おじいちゃんには孫がいて、最後の力を振り絞って孫に届けたいと思って歌ったそうです。声は枯れ、お世辞にもうまい歌とは言えないのに、なぜ、こんなに心に響くのか？　カルチャーショックを受けました。

それまでの私は、指名の多い司会者と言われ、ラジオのパーソナリティもやり、声に対してはたくさんのヴォイストレーニングや経験を積んできて、それなりに自信もありました。これまで自分が「いい声」「人を惹きつける声」などと思っていた声とはいったい何だったのだろう？　でも、ここで流した涙に声の本質があるに違いない。そう思いました。

◯声診断メソッドはこうして生まれた

人をコントロールしたりしない、人を愛で包むような声。それが声の本質なのではないか。自分の本当の声に出会いたい。そこから再び声を探求することになったのです。

あらゆるヴォイトレを試し、朗読、芝居、声優を習い、ミュージカル、声楽、ジャズを習い、30カ所くらいまわったでしょうか。そして最後にソフトパレットに着目した世界で最古のボイストレーニング、Caesari Vocalises（チェザリー・ヴォーカリスィズ）発声法に出会ったのです。ベルカント唱法の源のメソッドであり、その原理は声を自然に出すことにあります。そして、その発声法を実践しているうちにソフトパレットが心とつながっていることがわかりました。

〝自分の本当の声〟は難しいものではありませんでした。〝いちばん楽な声〟でよかったのです。楽な声って、出しているだけで幸せなのです。3分間トーニングをしているだけで、元気になったりリラックスできたりします。

そして、声の探求を続けた結果、声を周波数でとらえて視覚化できる声診断ソフトにいきついたのです。

人はちょっとした心の変化で声のトーンが変わります。それを見える化してデータとして蓄積していきました。そのデータをとりながら、音と心の関係について研究をし、「音声心理学」として体系化。それをベースにして声診断ソフトを開発したのです（2022年特許取得）。

○声を整えることは心を整えること

私が声を探求しているのは、音の周波数が数値として計測でき、人が発するエネルギーのなかでいちばんわかりやすかったからです。

私自身もソフトパレットを修正しながら、自分の思考癖を修正できました。トーニングを3分やると、元気になり、幸せになります。人生において、毎日たった3分だけ声を整えることは、心を整えることになります。

ものごとをよくするのも悪くするのも、心の使い方一つです。ものごとが悪いほうに進んでいるときは、トーニングして声を整えてみてください。あなたがいちばん楽で、リラックスしている声を自分の内側から響かせるのです。フラットな自分に戻り、いちばんいい判断が生まれます。

日頃から声を整えておくことが、成功への近道です。繰り返しになりますが、声を整えることは、心を整えることです。いい声をつくることに一生懸命になることではありません。ソフトパレットを丸く開き、声のまんなかに戻るイメージです。いいことがあっても悪いことがあっても、いつでも声のまんなかに戻る。そうすれば、ぶれることなく、調和のとれた自分でいられます。

ナチュラルな、いちばん力が抜けたあなたをキープすること。いいところだけを見るのではなく、足りないところも受容していくことで、フルサウンドヴォイスに近づいていきましょう。

あなたの声が変わり、フルサウンドヴォイスになれば、自分だけでなく周囲の人の人生も好転させます。職場、家庭、学校の不協和音の現場に調和をもたらすことができるのです。

声が変わると人生が変わります。人間関係がよくなった、仕事で売り上げが上がった、天職に出会った、創造力がアップした、日常生活の幸福度がアップした……などなど。人生が変わるその瞬間に、今までたくさん立ち会わせていただきました。

みなさんがフルサウンドヴォイスによって、豊かで幸せな人生を楽しんでいかれることを心から願っています。

おわりに

本書は、「これから先の見えない10年間をいったいどのように生きていったらいいのか？」「目の前の越えられない課題をクリアし、新しい方向へ人生をシフトしていくにはどうしたらいいのか？」

そんな多くの質問を寄せてくださった方々への答えでもあります。

しかも、日々忙しく時間がない日常生活の中で、誰もが気軽に実践できるものはないだろうか？　と18年間で2万5000人以上の方の声と関わる現場の中でたどりついた方法でした。それが、本書の声の周波数のバランスを整える習慣でした。

それをもっと多くの人に発信したいと思ったきっかけの一つが、ChatGPTやGoogle Bardなどを皮切りに、AI化が一気に加速してきたことでした。

AIがこれから10年かけて、人間のような汎用《はんよう》的な知能を持つ人工知能AGI、その先の人間の知能を超えたレベルのASIへと発展していくと予想される中で、近い将来に大リストラ時代がやってくることも容易に想像がつきます。

これまでの知識、情報、スキルといったものがもはや通用しない、過去の延長線上には未来が見えないという時代を迎える準備期間に、私たちは今、何をすべきなのでしょうか？

私がそのやるべきことのセンターピンとして行き着いた答えが、「声」の周波数を整えるということだったのです。

声の周波数を整えるということは、心をリラックスさせるということ、心の平穏な状態をキープするということでもあります。

つまり、心の中が平和であれば、声の周波数も自ずと平和な周波数になるということです。

私自身も、この見えない心の世界が、様々な外側で起きている現象に影響を与えているだろうと直感的にわかっていました。

だからこそ、「心という得体の知れないものの正体を知りたい」というモチベーションから、心理学をはじめ、様々な自己啓発、量子力学、脳科学、ヒーリング、ヨガ、瞑想などを探究しはじめました。最初のうちは面白くて、頭の知識として好奇心を持ってどんどん学んでいましたが、そのうちに重大なことに気がついたのです。

それは「心の学びを座学的に頭の知識として学べば学ぶほど、学びが絵に描いた餅になってしまう」ということでした。

心に関する知識やノウハウを学べば学ぶほど、それは素直さから自分を遠ざけ、かえって「知ったかぶりのエゴ」に陥ってしまうという罠に気づいてしまったのです。

心を知識や学びで肥大化するのではなく、逆に心のエゴを削《そ》ぎ落としていくことによってすべてがうまくいくということを、自分自身でも実感し、目の前のクライアントさんの実例でもたくさん見せていただきました。

その実例は、「頑張る」という慣れ親しんだやり方ではなく、素直さや感謝の気持ちの周波数を増幅させるやり方のほうが、はるかに楽に成功を手に入れることができるということを教えてくれました。

人は誰しも「人間関係をうまくいかせたい……」とか、「仕事で結果を出したい……」というような思いを持っていると思います。

しかし、それを「頑張る」というエネルギーでやってしまうと、結局は空回りしてしまったり、かえってこじらせてしまったりという現実を作ってしまうのです。みなさんもそんな経験はありませんか？

それはなぜかというと、「頑張る」という力を使うと、声の音色を作るソフトパレットが緊張して、声の周波数に微妙な変化が出てしまうからなのです。

これは、声を視覚化する音声分析ソフトを使って、心と声の周波数との関係を長年探求してきたからこそわかってきたことです。

たまにカラオケで歌声の波形をとることもありますが、自分の悦に入って歌うと、自分自身は気分がいいのですが、波形のバランスが崩れます。また、人にいい歌を聞かせたいと思って歌っても波形のバランスが崩れるのです。

しかし、「自分が歌う」という概念を外し、自分自身はただ楽器に徹して歌うと、波形はフルサウンドになり、周りの人が感動し、涙する……なんていうことがよく起こるのです。

すなわち、「頑張る」のをやめるということは、「頑張らない」ということではなく、常に自然体でいるということなのです。

昭和、平成時代を生きてきた私たちは、「頑張る」ことを「よし」として教育を受けてきたために、この頑張る生き方が身につき、「頑張っている」自分が心地よいし、好きになる傾向があります。

スポーツや勉強でも頑張っていい成績をおさめると気分がいいものです。

しかし、一度でも頑張って結果を出した経験は、人生に自己効力感を与えてくれますが、一度味わった達成感というのは「もっと、もっと」という自分への終わりのない課題を課してくるのです。

このような自分で自分の目の前にニンジンをぶらさげて、アクセルを踏み続ける生き方には限度があり、それから脱出した人は、逆に自分を責め続けるという傾向があるように思います。

結局は、このスパイラルを根本から抜け出さない限り、心が本当にリラックスした幸福感を感じることはできないのだと思います。

言葉を使ったコミュニケーションというのは、それぞれの経験や思考パターンによって、その言葉の捉え方や解釈の違いが生まれます。

この解釈の違いから誤解が生まれたり、正義の主張の違いから戦いが生まれたり、言葉が理解されず、否定されたりした経験から自己肯定感の低さが生まれたりするのではないでしょうか。これが言葉でのコミュニケーションの限界だと思います。

そして、同じ言葉でも、その言葉を誰が伝えるか、どんな声で伝えるかによって、伝わるニュアンスが変わってきますよね？

伝わるニュアンスの違いというのは感覚的なものですが、それを音階の周波数という数字で表すことによって、主観的ではなく客観的に認識することができます。それが声診断メソッドです。


これまでずっと気づかずにループしてきた、心の癖に気づくだけでもソフトパレットの開き方が変わってきます。

無意識に心をブロックしてきた癖からソフトパレットが狭くなり、その結果、声の周波数にも偏りが出ていた……ということがわかるだけで、家族との関係性がよくなったという人が何人もいます。

このように声の波形を見て、色の出方の少ない色の原因が腑に落ちただけでも、ソフトパレットの開き方が変わり、これまでゆるせなかった人をゆるせるようになるのです。

ただ、ゆるそうとか、ゆるさなければならないと思っても、なかなかできるものではありません。かえって、ゆるせない自分はダメだと落ち込んでしまう人もいるでしょう。

ここでは「なぜ、ゆるせなかったのか？」という本当の深い理由があったことに気づくということがポイントになるのです。


このようにずっとゆるせなかった鍵となる人をゆるすことによって、次に何が起こると思いますか？

ゆるせなかった人との関係性がよくなることは言うまでもありませんが、実は、ゆるせなかった人だけでなく、他の人との関係性も変わってくるのです。

友人はたくさんいるのに、親友と呼べる人がいないという孤独感を感じていた人が、人と深くコミュニケーションできるようになったことで、生涯の友と言えるような親友ができたという事例も後を絶たないのです。

私たちは本能的に何かあったときに身を守るのと同じように、きっと心も、何かあるときに自然と守れるように防衛本能が働き、心の癖というものができあがってきたのではないかと思われます。

「心を防衛し、戦う」スタイルから、「心をゆるめ、ゆるす」という受容スタイルに変えていくことで、柔らかくて丸いソフトパレットを手に入れることができるのではないでしょうか。

柔らかくてまんまるに開いたソフトパレットから発せられる声を、まずは自分自身が毎日聞くことで日々穏やかな気持で過ごすことができます。

これこそが究極のストレスマネジメントになります。自分の声という副作用のない万能薬を手に入れることができるのです。

柔らかくてまんまるなソフトパレットから声を発することが、「自分を愛する」「自分を大切にする」という行為につながるのではないかと思います。

そしてその声で人と対話することで目の前の相手にリラックスの周波数を与えることができ、その結果、相手のソフトパレットがゆるみ、相手の声が和らぐことで、心の通ったコミュニケーションをすることができるようになるのです。

長引く緊張した会議でも、ソフトパレットがゆるんだ声で発言すれば、会議の場の空気が和み、生産性のある場に変えていくことができるでしょう。

学校の教師やセミナー講師など、たくさんの人の前で話す職業の人にとっては、自身のソフトパレットをゆるませ周波数を整えることで、目の前の生徒や参加者の周波数を整えることができます。そのため、相手が集中して聞くことができたり、脳が活性化しやすいアルファ波の状態で講義を行うことができるので、話す方も聞く方も疲れることのない場にすることができるでしょう。

歌手や俳優など声を使う職業の人は、ソフトパレットの開きがアート性にもつながっていくので、さらなる独自の世界観から作品を生み出していくことにもつながっていくことでしょう。

では、この本のタイトルでもある「成功する声を手に入れる」の成功とは何だと思いますか？

ひと口に「成功」と言っても、人それぞれの成功の定義があります。

「成功」を「成幸」とおっしゃっている先生もいらっしゃいます。幸せになることを成功というのかもしれません。

成功を私のような者が述べることはとても難しいのですが、私が思う成功というのは、周波数がバランスよく整う状態のことです。その人本来の自然体の周波数になっていくことだと考えています。

周波数の状態がそのようになるということは、万能の力を手に入れるということにもなります。

そのためにも周波数の障害となっているものをクリーニングし、自身でバランスを整えていくことができるようになることを「成功」と定義しています。

成功というと、いい仕事やいい人間関係を引き寄せることだと思う人もいるでしょう。「引き寄せの法則」「因果応報の法則」とよく言われるものです。

もちろん、それも成功の一つでしょう。

これは同じ周波数同士が共振共鳴をするという物理的な現象を起こした結果だと思います。しかし、枝葉の部分にとらわれて幹を太くすることをおろそかにしてしまうと、引き寄せは単なる偶然の奇跡で終わり、後でその現象の反作用が代償としてやってくるのをたくさんの方の人生で見てきました。

「心をポジティブにする」「心をよくする」など成功を手に入れるためのテクニックを頑張ってしまうと、それは違う力が働いてこのような現象が起こってしまいます。これは18年間、心のレントゲンである声の波形をとり続けてきて確信してきたことです。

心を改善しようとしたり、書き換えたりすることで一時的には期待した現象が現れることもあるかと思います。

しかし、あえて私が「心のバランスをとっていく」と言っているのには、意味があります。

それは、心をよくしようという働きをすると、そこには「頑張る」という力が入ってしまい、リラックスではなく緊張した周波数になってしまうからです。

頑張ると心の使う部分が偏り、その結果、後からリバウンドのような形が反作用として現れるのではないかと思っています。

これはダイエットにたとえるとわかりやすいかもしれません。

頑張って痩せると、リバウンドがつきものです。体の機能を正常化して、自然に痩せると無理なくリバウンドせずに痩せるという考えが現在では主流になってきていると聞きます。

それと同じく、心も無理に頑張って何かをするのではなく、心の欲やエゴなどのいらないものを削ぎ落としていくことで、余計な心の癖が外れ、自然とバランスがとれてくるようになってくるのです。

戦ったり、比較したり、ジャッジしたりする癖に気づき、受容する、ゆるすという「心のゆるトレ」をすることで、声の周波数が自然とバランスがとれたものに変わっていきます。

付属の声診断アプリを活用して、日々心のバランスをとる習慣を実践していただけたら幸いです。

今、世界のあちこちで戦争が勃発《ぼっぱつ》しています。この戦争こそが、人の心の戦う心、ゆるせない心が引き起こしているものだと考えられます。

声の周波数を整える習慣の人が増えていき、バランスの整った声、フルサウンドヴォイスの人の声が共鳴していき、その輪が広がっていくことで、命を無駄にする戦争を終わらせることができるのではないかという希望を抱いています。

私たち一人ひとりは微力です。しかし、たとえ何もできなかったとしても、次につなげることができます。その最後の一手は「声」にあると信じています。

私の父が末期がんで最期を迎えるとき、私が父に最後にしたことはトーニングで父を見送ることでした。もう意識がないと思われていた父の目から涙が出てきたことは、私が声の周波数を扱う仕事をする原動力にもなっています。

声の周波数を整えて
怒りを祈りに
嘆きを希望に
希望は具体的な形にしていくことができる
この慈愛の周波数に高めていくことこそ、成功を手に入れる声なのだと思っています。
この本をきっかけに、皆さんが真の成功、真の幸せを手に入れ、そして皆さんの声が、世界を平和にしていきますように願っています。

最後になりましたが、本書の制作にあたってはたくさんの方々にご協力をいただきました。
当協会にご縁をくださった皆さん、青春出版社の野島純子さん、樋口由夏さん、出版をプロデュースしてくださった飯田伸一さん、本当にありがとうございました。心より御礼申し上げます。

中島由美子

＼ 本書の読者の皆様に以下を無料でプレゼントします！ ／

1 声診断ソフト 簡易版

あなたの声の周波数を6つに分類し、6色の色と波形で視覚化します。声の波形をとると、「今」の自分に足りない色がわかります。

毎日、声診断して声の波形をチェックしながら、全色バランスよく出るフルサウンドヴォイスを目指しましょう。

（詳しい使い方は133ページを参照してください）

2 3分間トレーニング音源

ソフトパレット（軟口蓋）を開くためのリラックスできる周波数で作成しました。できる限り、力を抜いて小さく声を出してください。

この音源は聞くだけでも、日頃の緊張をほどく作用がありますが体をゆるめた状態で、胸の辺りから声を響かせるように声を出すとより効果的です。

何か重要な会議やプレゼンの前、商談の前に3分間この音源を聞いたり声を出すだけで、体と心がゆるみ、声質の響きがよくなり、その結果、周りにいい影響をもたらすことができます。

秘蔵動画 1

声診断協会について

秘蔵動画 2

声診断の
生まれた背景

著者紹介

中島由美子
一般社団法人 日本声診断協会 代表理事。フルサウンドヴォイスアカデミー 代表。神奈川県茅ケ崎市出身。司会、ラジオパーソナリティ、ナレーターなど声の仕事を経て、18年間で約2万5千人の声のデータから導き出した心のレントゲン「声診断メソッド」を用いて、人の声の周波数を音声分析ソフトで視覚化。音声心理学として体系化し、音声心理士®や音声療法士®の育成を行う。大手美容室やエステティックサロン、コールセンター、タレント事務所、介護施設、IT系企業、教育現場など、声の波形が変わることで売り上げを伸ばし、周りに及ぼす影響力が大きくなった導入実績多数。どんな人にも刺さる・響く声「フルサウンドヴォイス」のための最先端のヴォイストレーニングを開発。著書に『声の波動で幸せになる』（幻冬舎)、『人生を好転させる声のみがき方』（ビジネス社）などがある。

中島由美子公式サイト
https://yumiko-nakajima.com/
（一社）日本声診断協会公式サイト
https://koeshindan.jp/

1日《にち》3分《ぷん》で変《か》えられる！
成功《せいこう》する声《こえ》を手《て》に入《い》れる本《ほん》

2023年 12 月 5 日　第 1 刷
2024年 1 月 30 日　第 2 刷

著　者　中《なか》島《じま》由《ゆ》美《み》子《こ》

発行者　小澤源太郎

責任編集　株式会社プライム涌光
電話　編集部　03(3203)2850

発行所　株式会社青春出版社
東京都新宿区若松町12番1号〒162-0056
振替番号　00190-7-98602
電話　営業部　03(3207)1916

印刷　大日本印刷　　製本　大口製本

万一、落丁、乱丁がありました節は、お取りかえします。

ISBN978-4-413-23333-0 C0030